金钱何以改变世界

THE HISTORY　　　　OF MONEY

换个角度看历史

［韩］洪椿旭　著

金胜焕　译

中国出版集团　东方出版中心

图书在版编目（CIP）数据

金钱何以改变世界：换个角度看历史 / (韩) 洪椿旭著；金胜焕译. — 上海：东方出版中心, 2020.5

ISBN 978-7-5473-1608-5

Ⅰ. ①金… Ⅱ. ①洪… ②金… Ⅲ. ①金融－历史事件－世界 Ⅳ. ①F831.9

中国版本图书馆CIP数据核字(2020)第037708号

上海市版权局著作权合同登记：图字09-2020-144号

50 대 사건으로 보는 돈의 역사

金钱何以改变世界: 换个角度看历史

著　　者　[韩] 洪椿旭
译　　者　金胜焕
责任编辑　费多芬
封面设计　今亮后声 HOPESOUND jianliouzyага@163.com · 小九

出版发行　东方出版中心
地　　址　上海市仙霞路345号
邮政编码　200336
电　　话　021-62417400
印刷者　山东鸿君杰文化发展有限公司

开　　本　890mm×1240mm　1/32
印　　张　9.5
字　　数　143千字
版　　次　2020年5月第1版
印　　次　2020年5月第1次印刷
定　　价　48.00元

序

　　我曾在 20 年前构思这本书，但因为种种原因终究未能下笔。2018 年末的某一次会议成了我着手写这本书的契机。有一位与会者在前瞻金融市场的未来时断言：

　　"我看好 2019 年的全球证券市场！因为这一年是特朗普总统任期的第三年，为了竞选连任他也会竭尽全力提振证券市场。"

　　事实上这类言论我们常常在各种媒体以及许多面向大众的演讲和讲座上听到。但是把经济状况或前景聚焦于某一特定人物的"意图"或"个性"加以阐释，这合适吗？我以为并不妥当，以这种方式来预测本身就带有很多的局限性。

　　最为典型的例子是 19 世纪初曾称霸欧洲的拿破仑的没落过程。他曾赢得奥斯特里茨战役等无数战役并获得"战无不胜"的声望，但其结局却很悲惨。1815 年，拿破仑在滑铁卢战役中败于英国威灵顿公爵统帅的联军，后被发配到大西洋的圣赫勒拿岛，直到 1821 年孤苦地在岛上去世。

　　强调炮兵的火力作用，也注重利用机动力量进行各个击破等大部分现代陆军教义的创造者、天才战略家，最后结局怎么会如此悲惨？

　　有观点认为，在滑铁卢战役中，只要普鲁士军队晚到战场一个小时，法国就会取得决定性胜利，历史也会改写。但我看未必。因为在滑铁卢战役之前，在西班牙的萨拉曼卡（1812 年）、俄国的博罗季诺（1812 年）以及德国的莱比锡（1813 年）等战场上，拿破仑的军队一直连战连败。

那么，把拿破仑引向败亡的究竟是什么呢？

当然，1789 年法国大革命之后 20 多年的连绵战火使兵力资源枯竭这一点可视为直接原因，但是绝不能忽略当时的英国具有压倒性的经济优势这一因素。俄国违背拿破仑的"大陆封锁令"，恢复对英贸易，西班牙人帮助英军展开游击战，所有这些，归根结底都是因为英国提供了价廉物美的工业产品和充足的粮食。

拿破仑的战争留给我们的教训也适用于证券市场。美国的卡特总统和布什总统分别于 1981 年和 1993 年竞选连任失败，原因是什么？难道他们在执政第三年（1980 年和 1992 年）不想提振证券市场以助竞选连任成功吗？但是 1980 年的第二次石油危机和 1991 年的海湾战争粉碎了他们的梦想。1993 年末，布什的竞争对手克林顿的竞选口号——"笨蛋，问题在于经济"（It's the economy,stupid）之所以引发人们强烈共鸣，也正是因为经济不景气。

当然，我并不认为近期证券市场会崩溃。只要对 1929 年经济大萧条以后全世界的中央银行应付经济不景气的方法有所了解，同时看到我们现在这种相对来说"强劲期长，萎缩期短"的经济景象，就会认同这一点。最近的例子就是美国，美国经济从 2009 年 3 月触底以后到现在，也就是在我写这本书的此时此刻，一直在保持着强劲势头，因此，现阶段世界经济因极端萎缩而陷入困境的可能性并不大。我只是反对仅仅以美国总统的个性或竞选连任的动机来预测世界经济的未来。

那么，应该怎么看待这个问题呢？

这也是我写这本书的原因。我着重于观察那些改变世界历史进程的大宗事件的背景，以便拓宽和加深我们了解世界的广度和深度。当然，仅靠这一本书是难以解答所有疑惑的，我只是希望这本书有助于读者了解世界史的另一面，即不要仅限于研究那些英雄所起的作用的一面，也要关注更为深层的另一些方面。

为便于表述，本书分为七个章节。第一章，我们将以拿破仑战争为中心观察工业革命前后西方世界的发展过程，特别注重阐述中央银行的出现以及享有盛誉的金融体系是怎样形成的。

第二章，我们将暂别欧洲，着重谈以中国为中心的东方历史。分析明朝嘉靖年间倭寇猖獗的原因，同时也观察西班牙侵略美洲大陆对明朝的影响，从中可了解"货币供应"对经济会产生怎样的影响。

第三章，我们将研究工业革命的兴起，特别关注以水稻种植为主的东方社会为什么没有发生转向机械装备的革新，而是转向了集约式使用劳动力的所谓"勤勉革命"。观察这个过程，就会切身感受到人口压力（population pressure）对经济发展究竟能产生怎样的影响。

第四章，我们将研究大萧条，将特别注重对金本位制的说明，以便读者理解什么是金本位制，以及为什么在金本位制下难以实行扩大货币供应的政策。

第五章，我们将研究1971年以尼克松政府改革国际货币金融体系为契机，金本位制彻底崩塌以后世界经济发生的变化，并由此探讨 1970 年通货膨胀的高压和两次石油危机的原因。

第六章，我们将研究《广场协议》签订前后美国和日本的经济动向，将分析为什么会出现日元强势，它又是怎样和历史性的资产泡沫挂钩的。该章将特别指出在什么样的情况下资产价格开始出现泡沫，并提供判断依据，对理财有兴趣的读者有必要重点阅读。

第七章，我们将研究韩国经济史上曾出现过的几宗大事件。在这里当然要分析 1950 年实施的"土地改革"所带来的影响，还要研究 20 世纪 50 年代后期兴起的出口制造业的发展过程和 1997 年外汇危机的发生过程，期望读者能够以此为基础了解外汇危机以后韩国经济发生的变化。

或有些许遗憾的是，该章未包括 2008 年全球金融危机的部分。因为 2008 年全球金融危机的影响至今还是现在时，而且尊敬的李赞优教授在其名著《大韩民国新国富论》中，对金融危机的发生和影响已有清晰的分析，所以本书就不再赘述。

本书的最后列有参考图书目录，读完本书尚觉意犹未尽的读者，可进一步参阅相关图书。如果说这本书的内容有不尽如人意之处，那只能是因为我对前辈学者们的研究没有准确地理解和把握，是我的责任。读者如有疑问或有不能理解的部分，可随时和我联系。

洪椿旭
2019 年 3 月

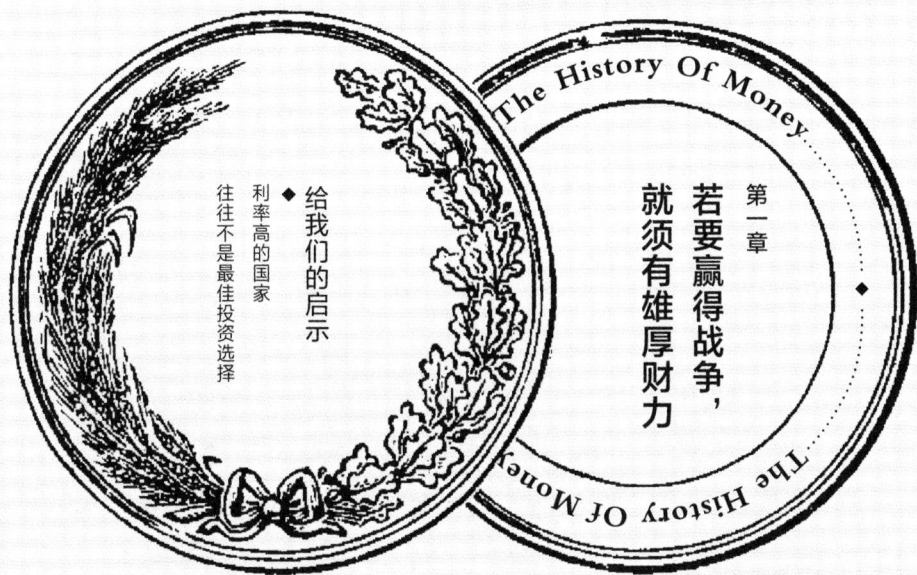

The History Of Money

第一章

若要赢得战争，
就须有雄厚财力

The History Of Money

◆ 给我们的启示

利率高的国家
往往不是最佳投资选择

英国是怎样赢得
特拉法尔加海战的？

对 19 世纪初称霸欧洲大陆的拿破仑来说，最为危险的敌人是英国。英国为了牵制法国不仅曾七次主导针对法国的同盟①，也持续地支援了当时被称为"法国后院"的西班牙和葡萄牙的叛乱（以下称"半岛战争"②）。在 1812 年的萨拉曼卡战役中，战败法国军队的也是威灵顿公爵率领的英国军队。

在半岛战争中英国海军获得了令人仰视的存在感。他们保障了从英国到葡萄牙的海上供给线，在军粮、火药等必需的军事物资供应方面也比地理位置上更为相近的法国更具优势，这是因为在 1805 年的特拉法尔加海战中，英国海军司令纳尔逊击败了法国和西班牙的联合舰队，掌控了制海权。

读到这里，读者可能会产生一个疑问：英国为什么能够培育出

---

① 为了防止法国大革命的影响扩大和对抗拿破仑一世统治欧洲大陆，以英国为中心的欧洲国家缔结的军事联盟。从 1793 年到 1815 年曾结盟七次，第七次结盟时，同盟在滑铁卢战役中击败拿破仑的军队并把拿破仑发配到圣赫勒拿岛。

② 1808—1814 年，为了抵抗拿破仑占领伊比利亚半岛，西班牙、葡萄牙和英国结盟针对拿破仑展开的战争。拿破仑军队在 1812 年于萨拉曼卡战役中受到了致命打击，在第二年的 1813 年，于莱比锡战役中被完全地击败。这次战争成了拿破仑的军队统辖体制开始产生裂痕的直接原因。

一支战无不胜的海军？

拿破仑一世登上皇位后的法国统治了除了俄国和英国之外的欧洲大部分地区，不仅人口比英国多得多，而且也具备了培育海军所需要的经济力量。虽然人均收入比英国低，但因人口众多，1780 年法国的国民生产总值达到英国的两倍以上。如果仅仅从投入财力扩充海军力量这方面看，很显然法国占据更为有利的条件，因为用那种财力完全可制造出更多的战列舰。这样，即使在局部战斗中失利了，也有很大的可能成为战争的最终胜利者。

所谓战列舰是一种可以排成一列并向对方进行炮击的战斗舰。把 100 门以上的铸铁大火炮排列成 2—3 排，这在当时可谓采用了最先进技术。在当时，把火炮安装在船上并不是一件简单的事情。也许有人认为，把火炮安在甲板上开炮不就完了吗？但如果真那么做了，船舶就很可能因失衡而导致沉没，所以必须把火炮安装在吃水线（船浮在水上时船和水相接的警戒线）下的船体内部进行发射。而这里也有问题需要解决，一是要在船体两边做出经防水处理的炮门，二是要处理好发炮时产生的强烈的后坐力。解决后者的技术来自荷兰和葡萄牙发明并改良的快船（caravel）类型的帆船。这类船以超群的平衡能力吸收了火炮发射时产生的后坐力，并且具备了用轮子缓冲的发射台装置，在战列舰中使用这一技术，后坐力的问题就可以得到解决。

这在当时被视为最尖端的技术，所以战列舰的价格当然很昂贵。特拉法尔加海战中纳尔逊司令所乘坐的旗舰"胜利号"（HMS

VICTORY）就装有 104 门大炮。还有一个问题是造船的木材要从瑞典和北美进口（类似罗宾汉曾出没的英格兰南部舍伍德森林[①]早在 18 世纪以前就消失殆尽了）。建造"胜利号"一艘船，单是松树一种木材就需要 6 000 棵，费用可达 6.3 万英镑，如果按照现在的价值换算，超过 110 亿韩元。况且，这只是建造船只的费用，还不包括火炮的生产以及士兵的费用。（木制帆船使用 30—40 年后，会木烂水漏，因而不能继续使用，实属价格昂贵且使用期短的东西。）

那么英国是如何做到建造和维护其庞大的舰队的呢？诺贝尔经济学奖获得者道格拉斯·C. 诺斯（Douglass C.North）注意到了 1688 年的光荣革命。以光荣革命为起点，英国的国债利率急剧下降，因此在与法国等敌对国家的竞争中能够占据优势。图 1-1 展示的是 1688 年前后英国政府发行的国债利率的演变情况。

光荣革命以前英国政府的国债利率远远超过 10%。利率之所以如此高是因为英国王室（斯图亚特王室）频繁不履行债务。这里可以举个典型的例子：1671 年，英国国王查理二世停止了对债券的利息和本金的支付，这给那些包销政府发行的债券，再小额销售给富有阶层的伦敦金融业者们带来了致命打击。当时英国王室频繁地宣布不履行债务是因为国家财政并不稳健。查理二世的父亲查理一世之所以败给奥利弗·克伦威尔（Oliver Cromwell）率领的议会军并

---

① 舍伍德森林现为国家级自然保护区，位于诺丁汉郡。此处疑为作者笔误。——译者注

（利率）

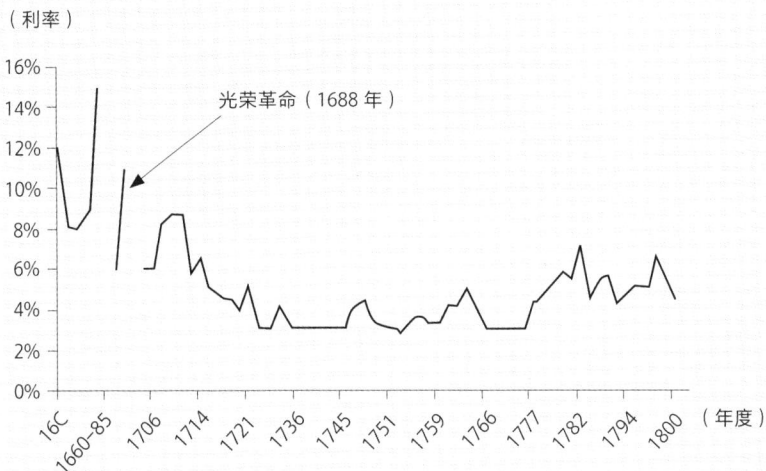

图 1-1　英国国债利率演变

参见：시드니 호머, 리처드 실라, 『금리의 역사』, 리딩리더（2011）
　　英国利率到 17 世纪后半叶一直保持在 10% 甚至 15% 以上。利率之所以这么高是因为利息和本金的支付被频繁地停止，导致很高的 "风险溢价"。但是光荣革命之后英国利率大幅下跌，在 1980 年前后发生全球性通货膨胀之前再也没有超过 10%。

纳尔逊司令的旗舰"胜利号"

被处死（清教徒革命），也是因为建造战舰征收的特别税——造舰税，引起了贵族和金融业者们的反抗。

虽然英国的清教徒革命带来了共和制，但是克伦威尔逝世之后，1660 年帝政复辟了。继查理二世之后登上王位的詹姆斯二世并未吸取查理一世的教训，反而开始恣意征收壁炉税[①] 等众多税种，导致了以议会成员为首的纳税者们的强烈反抗，其结局是 1688 年，英国资产阶级和新贵族们发动了光荣革命，并撵走了詹姆斯二世。英国议会把荷兰的威廉三世推崇为新的国王，条件是征收新的赋税要

[①] 1662 年以财产税概念引入的税种，是根据住宅里设有壁炉就意味着富裕的逻辑。1 个壁炉 2 先令，一年交付 2 次。因为壁炉其实与贫富无关，几乎家家都有，所以其税收达到 20 万英镑（当时总税收规模大约为 180 万英镑），引起国民强烈反抗，壁炉税到 1689 年被废止。

经过议会同意和不能随意掠夺国民的财产。

从此，英国政府再也没有一次延迟支付过债券的利息和本金，这是因为政府认识到，如果国王随意课税或者延迟支付债券利息，就可能会立即引发革命。

光荣革命的成果不仅仅是这些，威廉三世并没有一个人前来英国，为了对付潜在的反对派，他还带了一万四千人的军队及数万名的技术人员和金融人员。兴盛了233年，却在1995年因衍生产品投机而破产的巴林银行（Barings Bank）的创始人也是这批人中一员的后裔。当今世界最大的保险公司之一富通集团（FORTIS）里也有从阿姆斯特丹迁徙到伦敦的霍普金融家族成员。也就是说，和人一起被带到英国的是荷兰的思维方式和金融制度。英国的贵族和资本家并不是没有些许的反感，但是"荷兰金融"已然成了大势所趋。

对这一变化最先起反应的是金融市场。直到1690年还是以10%的利率进行交易的英国国债到了1702年利率一下子降到6%，到了1755年更是降至破纪录的2.74%。这样，英国便得以用其他任何竞争国家都匪夷所思的低利率来完成资金筹措，而这一切都关系到英国海军和陆军战斗力的提升。别说是建造庞大的海军，就连军队日常训练都能够大胆地使用火药，使之接近实战。别的国家都是战争开始以后才开始训练，而英国军队已经经历过接近实战的训练，因此至少没有在战争初期吃亏。以在半岛战争中打败法国军队的威灵顿公爵为例，"以供给赢得战争"的英国神话就是这时候诞生的。当法国掠夺西班牙百姓来补充粮食时，威灵顿公爵率领的部队却施

把荷兰的金融制度带入英国的威廉三世

以陷入贫困泥坑的西班牙人食物，成功地把法国军队引入游击战的泥沼。

利率下降的惠泽并非英国政府独享，积聚了财产的英国人可以投资债券，特别是用没有期限的永久债券来设计自己舒适的晚年生活。再者，一旦形成了可信赖的资本市场，全世界的富人们都争先恐后地涌入英国伦敦进行投资。

读到这里读者又可能会产生一个疑问：英国引入的"荷兰金融"到底是什么？下一小节我们就来谈一谈世界上最早的股份公司。

为什么荷兰能够推出
世界上最早的证券市场？

    什么是"市场经济"的象征？要回答这个问题，我们脑海中当然会浮现出很多概念，但好像还没有比证券市场更具有象征意义的东西。显示屏上不停跳动的股价，随着股价的急剧涨跌，人们或是欢呼，或是悲叹，还真没有比这个更具有戏剧性的场面了。

    什么是证券市场？简单来讲，就是交易股票等有价证券的地方。在这里股票指的是某一企业的股份，但并非一般的股份。在股份公司出现以前，创业需要"豁出一切的决心"，因为事业不顺的话，必须彻底偿还因创业失败而背负的所有债务。这个传统由来已久，在古代社会不履行债务的人要接受很残酷的惩罚。在罗马，即使是非常小的债务，如果债务人不履行的话，其所有财产就会被没收，作拍卖处理。西方世界的这一惯例一直持续到 19 世纪，所以创业可不是一般人所能作的选择，即使有好的项目，想付诸行动也要承担相当大的风险。

    但是随着社会的发展，越来越多的人意识到"无限责任"原则是创业的绊脚石。特别是大航海时代开启以后，创业成了不是需要 1—2 年，而是需要数年或几十年的长期事业，因此以"有限责任"为其基础的、能够从事长期经营的新制度，即成立股份公司就被提上日程了。即使创业失败了，只要放弃自己所投资的股份，就不再被追究责任，这就是"有限责任"制度。

在这里读者可能会有一个疑问：开启大航海时代的国家是西班牙和葡萄牙，为何是荷兰推出了世界上最早的股份公司——"东印度公司"呢？当然这其中的原因众多，但是荷兰摆脱了中世纪欧洲社会的核心——"庄园制度"，这一点起到了相当大的作用。所谓庄园制度就是领主垂直统治自己封地里农奴的一种制度。领主给予依附自己的农奴以最低限度的安全，即保障其人身安全和施与其可供种植的土地的使用权。如果领主失去权势或者在战场上失去生命，那么他的庄园就将以交易的方式被转移到别的领主那里。

但是以阿姆斯特丹为主的荷兰的大部分地区都没有发达的庄园制度。荷兰的大部分陆地都是来自填海或者开垦沼泽地，所以教会也好，贵族也好，都不便轻易地主张其所有权。荷兰人有别于其他欧洲国家的人，他们自由地交易自己开拓或自己垦荒的土地。以现在分属荷兰和比利时的荷兰省为例，贵族所有的土地只不过占5%而已。正因为如此，荷兰人能够摆脱传统和宗教的束缚秉持实用主义的态度。16世纪宗教改革开始的时候，印刷并发行马丁·路德（Martin Luther）的《九十五条论纲》的地方也是阿姆斯特丹。在那里，以伊拉斯谟（Erasmus）为首的思想家们也能够勇敢地阐述自己的思想并进行学术争论。

不仅是荷兰开放的风土人情，从16世纪末开始延续的独立战

争 ①（1568—1648）也成了诱发革新的原因。当时统治荷兰南部的西班牙人限制宗教自由并征收沉重的赋税，引起大范围的反抗，烽火四起，致使西班牙政府焦头烂额，没有余力图谋进军海外。此时的荷兰政府正需要培育民间资本以图长久开拓海外市场，东印度公司 ② 便应运而生。

从非洲最南端好望角到美洲大陆西海岸的广袤地域上，东印度公司都为荷兰政府建设要塞和实施军事行动提供了巨大的支持。特别值得一提的是，在阿姆斯特丹事务所登记的东印度公司首批股东竟达到 1 143 名，所以很容易筹集到巨额资本金。占领印度尼西亚马鲁古群岛并在那里建筑要塞，招募雇佣兵加以守护，这些都需要巨额资金，但是现在这个问题也能轻而易举地解决了。再者，尽管这个组织很庞大，但它也不能够自己随意行动。由于所有权和经营权分离，所以重要的事情必须由选出来的理事们决定，而投资者们的选择则是要么遵从这些理事们的决定，要么卖掉股份，只能两者

---

① 原属西班牙殖民地的荷兰北部七省抗争西班牙争取独立的战争。中世纪以后荷兰因工商业发达而繁荣起来，很多城市都拥有自治权，而在北部地区，由于宗教改革加尔文派教徒激增，西班牙国王以维护天主教为名进行了镇压，并剥夺其自治权，增加赋税，引发了市民的抗争。经历了 80 多年反反复复的休战再战，到了 1648 年，最终以签订《威斯特伐利亚和约》，荷兰获国际承认为结束。史称八十年战争。

② 16 世纪末荷兰商人与葡萄牙人和西班牙人开展交换东方货物和波罗的海货物的所谓东方贸易，可是后来因价格的急升，荷兰商人开始亲自进军海上贸易。此后荷兰各地成立了很多东方贸易公司，产生了公司良莠不齐、竞争激烈的现象，显现众多弊端。为了解决这个问题，荷兰政府在 1602 年合并了这些公司，统称为东印度公司（荷兰东印度公司，VOC）。东印度公司被政府赋予东方贸易的独占权，以及组建军队、任命文官、修筑要塞等权限，实际为政府的经济、军事的代行机关。

1726 年阿姆斯特丹东印度公司造船所

选其一。由于股份公司在法律上是独立实体，其运营不取决于所有者个人，所以投资者的选择不影响公司的寿命。

　　成立东印度公司的荷兰政府也没有想到这个公司会持续很长时间。根据最初成立东印度公司时的公司章程，该公司预定是要在 21 年后注销的。按当时的标准，21 年的期限对一个公司来说是几近永恒的概念，东印度公司的创立者们考虑到这可能会引起投资者们的忧虑，因此加了一个"中间核算"条款，即在公司成立 10 周年也就是 1612 年时将进行会计账目总核算，向股东们公开公司的运营

17 世纪最昂贵的郁金香之一

状况，如果有人希望回收投资资金，就将照此办理。

　　但事实证明这种考虑是多余的，如图 1-2 所示，东印度公司维持了数百年，很多投资者都在交易东印度公司的股票，以至于在阿姆斯特丹出现了世界上最早的证券市场。虽然经历了几次危机，但是东印度公司并没有停止支付股息，随着股价的长期上升，很多股东都成了富翁。

　　当然万事并非一帆风顺。证券市场的稳步发展迎来了"理财"风潮。得力于东印度公司成功地开拓了世界市场，不，准确地说，

（股价）

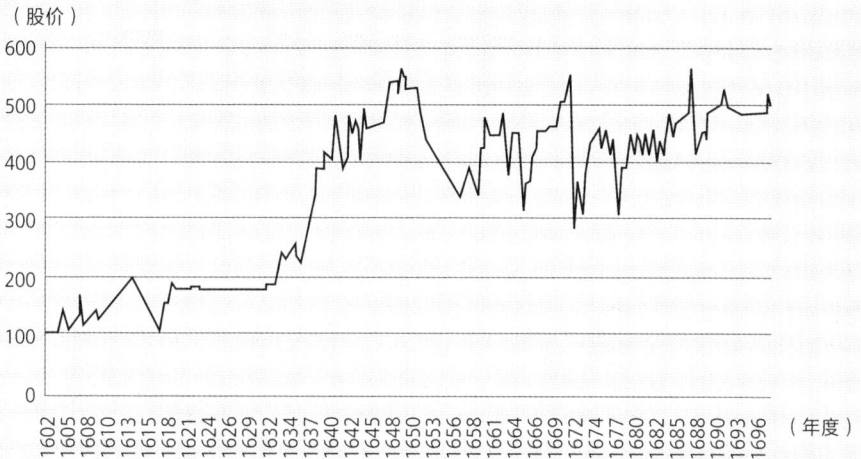

图 1-2　17 世纪东印度公司股价演变（1602=100）

参见：Lodewijk Petram（2011）.

世界上最早的股份公司荷兰东印度公司的股价呈现不断上升的趋势。
虽然受到 17 世纪 30 年代后期开始的所谓"郁金香狂热"的影响，股价得
以飙升，但与此后的郁金香价格暴跌相反，东印度公司的股价持续上涨，
这是因为利益增加和红利支付使股票的内在价值得到了持续增长。

位于阿姆斯特丹的荷兰东印度公司本部

是因为它占领了盛产以胡椒为主的各种昂贵香料的印度尼西亚的马鲁古群岛，太多的资金涌入荷兰。当然，海外资金流入越多，经济形势就会变得越好。但是如果资金管理不当，就会发生诸多问题。其中最为典型的例子就是"郁金香狂热"（Tulip mania）。

1630 年在荷兰，土耳其的园艺植物郁金香人气非常高。特别是当时郁金香是以球根的形态进行交易，花的模样和颜色无法预测，这一点更刺激了赌博性投资。到了 17 世纪 30 年代中期，一个花根的交易价格涨到一个熟练工年收入的 10 倍，这就引爆了"价格的疯涨吸引下一个新买家"的典型的金融投机潮。但是在某一瞬间，价格没有继续上扬而是急转直下，而且市场上全是出手要抛的人，泡沫就破灭了。

也有人反驳称，"郁金香狂热"规模并不大，且其价格也没有达到可称为泡沫的程度。因为当时荷兰正处在鼎盛时期，在 17 世纪发生的几次重大战事中荷兰始终占据优势，而且当时荷兰还统治着印度尼西亚马鲁古群岛，独占香料的供给等各种优势，这样的荷兰不至于因为"郁金香狂热"而受到致命的打击。

在这里读者可能又会有一个疑问：曾支持哥伦布发现新大陆，并于 16 世纪初在美洲大陆发现史上最大规模"金矿"的西班牙人为什么没有能够阻止荷兰的独立呢？我们将在下一小节谈一谈这个问题。

军队强悍
而经济羸弱的西班牙

　　1492 年哥伦布发现新大陆，以后的约 100 年，西班牙占尽了能够想象的几乎所有的各种好运。从印加和玛雅的统治者那里掠夺来的金银快要枯竭的时候，1545 年在波托西（Potjsí）发现了史上规模最大的银矿，此后不到一年的时间，1546 年 9 月 8 日，由西班牙人和原住民组成的探险小队在墨西哥的萨卡特卡斯（Zacatecas）确认了一处矿藏丰富的银脉。

　　幸运之神并没有在此停止脚步。1540 年意大利的技师凡诺奇奥·比林格塞奥（Vannoccio Biringuccio）在《热的技术》一文中提出了一种利用水银从矿石中提炼金属的崭新、高效的工艺，这一革新技术对当时的西班牙来说是非常及时的，因为莫雷纳山脉（Sierra Morena）北侧阿尔马登的丰富的水银矿产得以充分利用了。巨大矿山的发现和经过革新的提炼工艺使西班牙得到了巨大的财富，仅在波托西一个矿上的银产量就从年产 5 万公斤增加到最多时的 28 万公斤。

　　可是这却成了西班牙的魔咒，因为当时谁也不知道从海外引入的金和银会给经济带来怎样的影响。

　　假设世界上只有 A 和 B 两个国家。在特定的时间节点，假如 A

（百万比索）

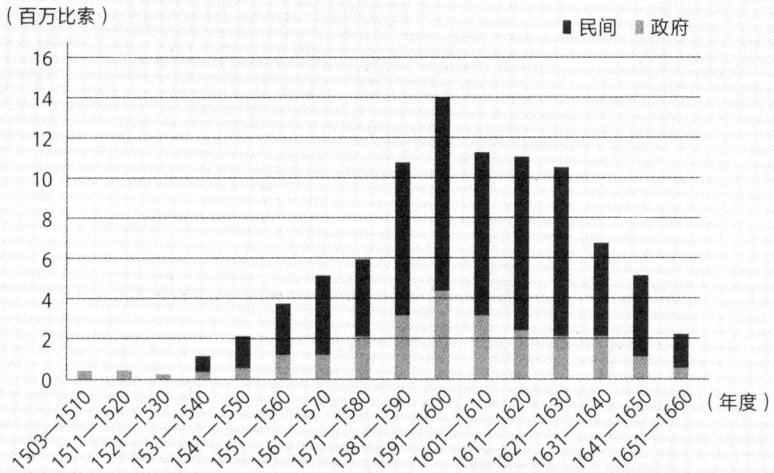

图 1-3　1503—1660 年从美洲大陆进入西班牙的银币的数量

参见：Earl J. Hamilton,（1929）.

　　对于弗朗西斯·德雷克（Francis Drake）等大多数的掠夺者来说，西班牙的宝物船是令人垂涎三尺的攻击目标，但是西班牙帝国还是很成功地进行了从美洲到欧洲的白银运输。在波托西（1545 年）和萨卡特卡斯（1546 年）接连发现银矿，保证了到 17 世纪初的白银产量的持续增长。

国（西班牙）发现了金矿，随之急剧增加了货币量，会出现什么样的局面？当然，如果 A 国有着出色的生产能力，能够生产出和货币供应量相应的各种产品，是不成问题的。但是如果 A 国的生产能力有限的话，货币量的增加会使物价持续上涨。如果发生物价上涨和产品紧缺的情形，就只会导致 B 国（荷兰）的产品在 A 国销路大开，B 国的服装和食品大肆进入 A 国，而 A 国的贵金属却流向 B 国。

这就是典型的"荷兰病"（Dutch disease）。荷兰于 1959 年在北海发现大规模的气田，之后靠出口天然气每年收入几十亿美元，可是回收出口货款使得荷兰货币荷兰盾的价值大幅上升，以致到了 1970 年，除了出口天然气的出口企业以外，别的出口企业在国际市场上失去了竞争力。这种开发资源以后却使资源国的经济变得沉滞的现象被称为"荷兰病"。

16 世纪的西班牙也遇到了类似的问题。为了经营美洲大陆的巨大殖民地，就必须不停地输送各种必需品。供应面粉、橄榄油、食醋等不难，可是毛织品、皮靴、毯子、家具、丝织品、钟表等物品却难以满足需求。为此，西班牙的统治阶层不禁感叹：

我们的王国完全可以靠美洲来的金和银成为世界上最为富裕的国家，可是我们却把金和银输送给我们敌对国，让我们自己沦落成了最贫穷的国家。

学习现代经济学的人会马上想起针对这种状况的处方，也就是在货币急剧增加、通货膨胀难以控制的时候，用提高利率来稳住整体经济，这是首选对策。但在当时，西班牙并没有中央银行，所以无法施行财政政策，加之哈布斯堡家族的王室们（卡洛斯一世和腓力二世）不仅不实行货币紧缩政策，反而不停地发起大规模的战争，使事态更加恶化。

1517 年马丁·路德发表了《九十五条论纲》，在以此为契机开始的宗教改革的过程中，西班牙的国王们非常积极地拥护旧教，他们对宗教的信仰逐渐转化为好战并对外干涉的政治倾向。根据历史学家们的研究，1400 年到 1550 年间最为好战的国家是西班牙和奥斯曼土耳其帝国。不言而喻，长期的大规模战争加重了财政负担，同时也使众多适龄的劳动力都投入到战场中，西班牙的生产能力只能跌入谷底了。

当然，从 16 世纪到 17 世纪，西班牙一直以拥有欧洲最强的军力自居。当年皮萨罗率领由 200 多名士兵组成的远征队征服印加帝国，足以看出用西班牙大方阵武装起来的西班牙陆军是个恐怖的对手。所谓西班牙大方阵指的是，大约 250 名士兵组成队形攻击敌人，先由长矛兵阻止敌人骑兵，之后由长枪兵向敌人齐射，挫败敌人的锐气，再由长矛兵进行攻击，击溃敌人。这是个精妙的战术，其核心在于利用长矛兵来掩护长枪兵装子弹。

西班牙拥有熟练运用如此高超战术的强大陆军，可是却在不停地重复"赢在战斗，却输在战争"的模式，其中一个典型的例子就是荷兰的独立战争。当时以西班牙为首的欧洲军队的建制都是"佣兵"制度，所以需要大量的费用。也有和从前一样拥有骑士团的国家，但是

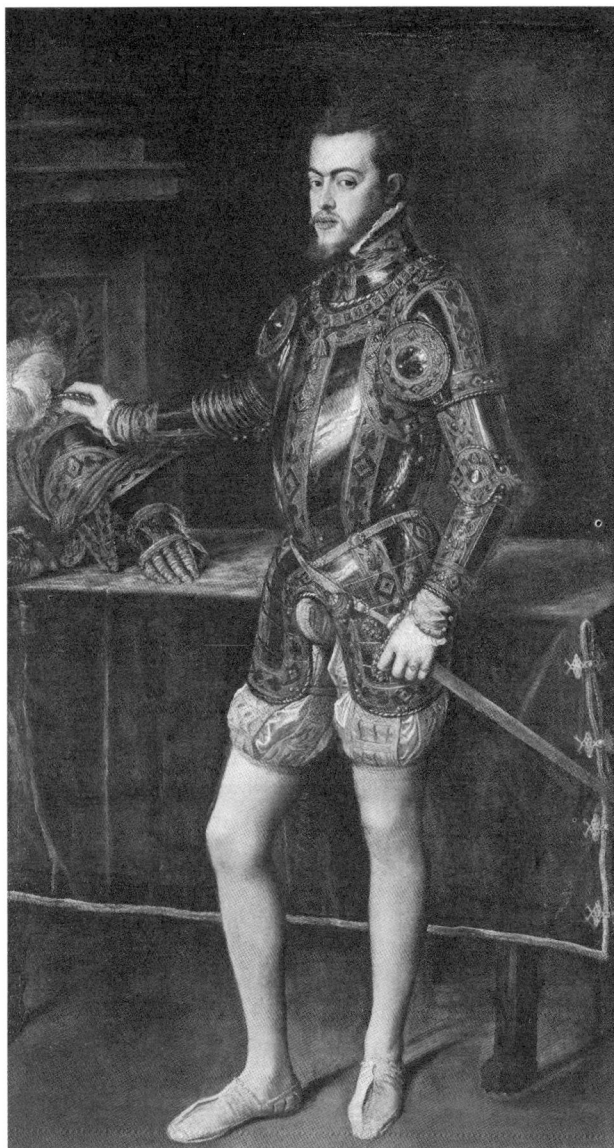

发动大规模战争，致使西班牙经济恶化的腓力二世

随着以西班牙大方阵为主的、革命性的战术的开发，骑士团的战斗力大为减弱，国家对佣兵的依赖程度却变得越来越高，而佣兵们本来就不会忠于某一个特定的国家，他们是可以随着其队长的选择随时转到敌方一边的，如果供给不及时，还会经常发生掠夺周边地区以"回收费用"的情况。在荷兰独立战争时发生的"安特卫普事件"就是其典型的例子。

当时的西班牙王室因为陷于和奥斯曼土耳其人的长期战争且王室在 1575 年破产，未能及时给佣兵部队支付佣金。当时驻扎在荷兰的西班牙的佣兵部队洗劫了欧洲最富有的城市安特卫普，杀戮7 000 多市民，把城市摧毁成废墟。被此事震惊的荷兰南部商人和知识人士停止了对西班牙人的支持[1]，此事最终发展成一年以后的1576 年，荷兰南北方人民不问宗教差异，只为齐心协力驱逐西班牙而签订了《根特条约》（Gent）。

不可否认，是荷兰军事天才莫里茨伯爵独创的破解西班牙大方阵的高超战术令荷兰取得了赢得独立的关键，但是如果西班牙实施更为稳健的财政政策，更为灵活地使用新大陆的贵金属，那么就有可能更长久地维持自己的霸权。

在下一节我们将探讨，为什么西班牙人对新大陆的贵金属会如此地狂热？

---

[1] 荷兰独立战争是由尼德兰、乌特勒支等北部七州的新教徒们抗拒宗教镇压发起的市民运动发展而来，而当时以天主教为主的荷兰南部反而支持西班牙。

16 世纪的物价革命
带来了哪些变化？

　　西班牙人为寻找黄金劈波斩浪直奔新大陆，却拜他们获得的宝物所赐，国家衰落，百姓受穷。听了这样的故事不少读者可能会疑惑，为什么西班牙人沉溺于黄金等贵金属不能自拔，甚至不惜冒生命的危险呢？

　　当然现在无法准确地知道其真正的原因。就像尤瓦尔·赫拉利（Yuval Noah Harari）在他的《人类简史》中所竭力主张的那样，自从人类觉悟，"可以想象世上不存在的事物"，就开始把贝壳和大石头认作货币，可以说这是起点。随着人们对货币需求的高涨，黄金和白银这样的贵金属就上升为强有力的候补货币。贵金属能成为候补货币是因为具有以下三个优越性。

　　首先，黄金是延展性很强的物质，经过锻造可做到 1/272 000 英寸的厚度，也可以拉伸成细细的线状物。这样的特性使贵金属便于被切成小块交易，也适用于制造各种饰品，而贝壳和其他候补货币则难以被切成细小的块状。

　　金属能上升为候补货币的第二个原因是易于保存。曾作为货币的贝壳一旦破碎，很难再作为货币流通，而黄金则能长时间不生锈，虽然较为柔软，但只要与锡、铜等多种金属混合加工成合金的话，

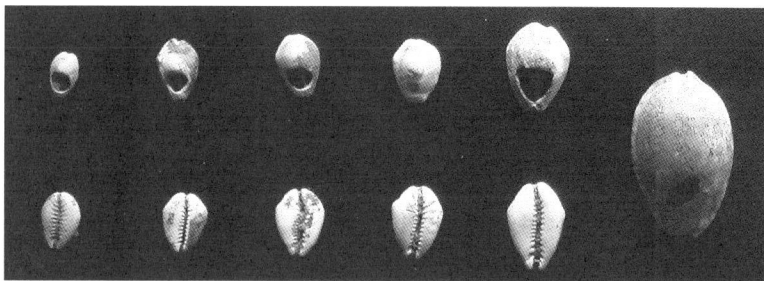

古代使用的贝币

就变得较为坚硬，有利于铸币。

最后一点是具有使用价值。在日本，早期起货币作用的是大米，在朝鲜是棉布，这是因为大米和棉布都是衣、食、住的一环，具有很高的使用价值。黄金在这方面也具备充分的条件。古埃及法老图坦卡蒙王的陵墓里发掘出的无数黄金饰品也可以证明，对社会地位越高的阶层来说，黄金的使用价值就越高。正因为这种倾向，即使持有少量的黄金也能购买到价格很高的物品。此外，相较于大米和棉布而言，黄金还具有运费相当低廉的优点。

不过，即使满足了这些条件，黄金也不可能自行变成货币，必须经过纯度和重量的测定过程。这个过程漫长而艰难，难怪古希腊哲学家阿基米德都曾致力于测定王冠的含金量。1529 年在和西班牙的战争中战败的法国国王弗朗索瓦一世支付给西班牙国王查理五世120 万的埃斯库多（Escudo, 葡萄牙货币）作为两个儿子的赎金，检验和清点这笔钱就花了四个月。在这个过程中，西班牙人还以不符合标准为由拒绝接受四万枚硬币。

解决这样的困难只有两种方法。一种方法是发行有国家政权作保障的"证书"，即发行纸币，使之能够在政府运营的银行随时兑换成黄金。另一种方法就是铸造具有标准重量和形状的合金（铸币），宣布其为"货币"，然后保障其价值。公元前 600 年，吕底亚的国王克罗伊斯（Kroisos）铸造出最早的硬币，完成了改写历史的伟业。铸造了刻有"8"字印记和肥胖狮子图像的、标准化的硬币，然后宣布"规格、形态、标志如斯的金属具有某种特定量的价值"。

纸币的发行则还要等更长时间之后。铸币可再回炉溶解成黄金、白银、锡等具有使用价值的金属，可是纸币则完全不同，如果政府失去权威或者发行过多的纸币，其价值会有急剧下降的危险。所以如果没有中国元朝政府那样强有力的政府，或者没有像意大利的银行那样发达的商业体系，纸币（或者银行券）很难得到全面普及。

再回到咱们的话题，克罗伊斯也好，罗马皇帝也罢，这些绝对的掌权人物之所以不怕麻烦铸造硬币是因为使用起来方便。举个例子，假设有一个只生产 10 种不同商品的社会，如果没有标准化的铸币，交易的人们只能以价值相近的商品进行易货贸易。一头牛交换五匹棉布，一马车的柴火交换两个草袋子的谷物等。用 10 种不同商品可开展的易货交易可达 45 种，但问题是易货贸易不是我们想象的那么简单，需要棉纱的人找到了拥有棉纱的人，但是他未必具有拥有棉纱的人所需要的商品。

有了铸币，交换过程就简单了。如果能够用铸币买卖商品，那

推定为公元前 500—前 490 年的红罐，上面有吕底亚国王克罗伊斯画像

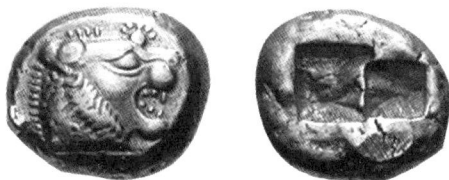

吕底亚王国的琥珀金

么只要给各个商品标上价格就可以了。想交易的人没有必要努力使自己的需求和别人的需求一致。金属货币的使用很自然地使商业得到了发展。但是金属货币有个关键性的问题，那就是供给数量不确定。15 世纪的欧洲就是典型案例。当时欧洲生产的黄金远不能满足需求。根据一些历史学家的推测，1400 年欧洲自产的黄金产量不超

过 4 吨，加上因为东方贸易黄金持续地输出，所以这样的产量很难支撑经济的正常运转。当货币供应不足的时候人们在购买商品和服务方面就会尽量节约用钱，其结果是物价下降。哥伦布、达·伽马等无数冒险家历尽艰辛绕过非洲好望角奔向亚洲，寻找印度又横渡大西洋，他们这些壮举的背景都是以黄金为首的贵金属价格的飙升。

1492 年，哥伦布的历史性航海之后却出现了始料不及的情况。1500 年欧洲物价急剧上涨，经济学家们称之为"16 世纪的物价革命"。当然欧洲物价并没有以 1492 年为起点直接开始上涨，真正的物价上涨是在 16 世纪中叶。这次通货膨胀和当时奥斯曼土耳其人的势力增强，挡住了去往东方的贸易之路，以及 14—15 世纪使欧洲人口骤减的黑死病得到了控制，人口数量大增是分不开的。但应该指出的是，从新大陆引进的、数量庞大的贵金属和"物价革命"的爆发有着直接的关系。

一般来讲，物价上升时，与其相伴的是强劲的经济发展势头和人口的增加。当然，强劲的经济发展势头对有所准备的人来说是一种福音，但对毫无防备的人来说有时可能会成为巨大的威胁。即便如此，从总体上来看，不可否认，从 16 世纪后半叶开始的通货膨胀成了欧洲经济开始发展的契机。首先是充足的货币供应使成交艰难的易货贸易方式消失了，并出现了所谓的"货币幻想"，也就是说工资或所得的实际价值没变，可是因为通货膨胀的原因人们觉得自己的工资或所得增加了。

因为整个 15 世纪物价一直很稳定，加上部分地区通货紧缩相

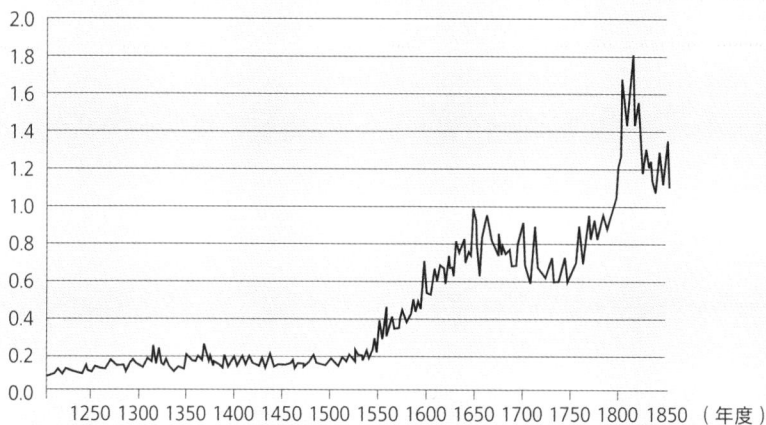

图 1-4　1209 年以后英国物价指数的演变（2015 年 =1 ）

数据来源：美国圣路易斯联邦储备银行

　　人口增加，人均所得会减少；反之，人口减少，人均所得会增长。在这种"低增长"经济条件下通货膨胀是罕见的现象。特别是在经济整体增长但涨幅微小的情况下，贵金属供给不顺畅的话会出现通货紧缩，即贵金属的价值上升和一般商品价格下跌的现象。从这个角度来看，可以认为 16 世纪以来常态化的通货膨胀是经济正在发生巨大变化的信号。

当严重，所以突然发生的通货膨胀诱发了大幅度的需求增加。但是此时工业革命还没开始，难以提供与之相应的供给。因此 16 世纪贵金属的扩大供应，特别是以西班牙比索为代表的关键货币[①]（key currency）的供应对经济发展产生了积极的影响。

欧洲人能够用它购买自己所喜爱的东方产品，例如胡椒、丝绸、瓷器等，这不仅对欧洲，也对全世界的经济产生了巨大的影响。当时的欧洲人很想购买东方的产品，可亚洲人只对钟表感兴趣，对其他欧洲生产出来的产品兴趣不高，这使交易很难进行。但在 16 世纪这个问题得到了解决，从墨西哥出航的商船到中国用白银交易，换回了瓷器或者丝绸。

在下一节我们将探讨，这样的环球交易网的出现引发了怎样的金融革命。

[①] 指国际间的结算或金融交易时采用的基本通货。要履行作为关键货币的功能，发行国不应因战争等原因有存亡的风险，也必须具备能够生产各种财物和服务的能力，货币价值稳定，并拥有发达的外汇市场和资本市场。

从美第奇家族
到阿姆斯特丹银行

　　得益于从美洲大陆大规模引进的贵金属而形成的环球交易网，欧洲出现了新的势力。他们就是"资本主义制度"中的大商巨贾。在地域经济中，他们在商品的流通环节扮演着重要的角色，传统上他们被称为"商人"，而在 16 世纪形成的，在全球经济体系内主导着远程交易的人，已经很难被归入传统意义上的商人范畴，因为他们已经带有一种资本家的特性。东亚和美洲成了他们远程贸易的自由空间。他们的活动既可以摆脱国家和教会的干涉，也收获着相当不错的经济效益。1497—1499 年，葡萄牙航海家达·伽马绕过好望角成功到达印度，他出发的时候率领了四艘商船，可回来的时候仅剩两艘商船，可以想象船队所经历的航行之艰难。即便如此，他们还是给投资者以 60 倍于投资金额的回报，足可见其利润之高，令人垂涎。

　　名垂青史的商业金融大家族有意大利的斯特罗齐（Strozzi）、贡迪（Gondi），还有曾引领一个时代的德国的大家族富格尔（Fugger）、韦尔泽（Welser）。富格尔家族通过在东欧开发矿产、和意大利进行贸易，以及和殖民地地区进行商品交易等活动积累了巨大财富，他们还把手伸向了金融业。由此可见，几乎所有能产生利润的领域，

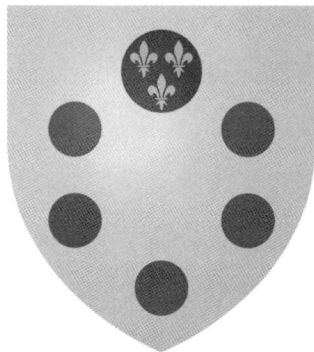

依靠全权负责罗马教皇厅的外汇交易
迅速成长起来的意大利美第奇家族的
徽章

这些商业大家族都有涉猎。但是在中世纪末要进行大规模的商业活动是需要得到国家赋予的特权的。为此大商人们向政府提供借贷以获得特权，其结果是出现了政商紧密勾结的现象。

在这个过程中最具戏剧性的是意大利的美第奇家族。美第奇家族从14世纪后半叶开始崭露头角，他们负责罗马教皇厅的外汇交易，并以此为契机得到了迅猛的发展（第217代教皇利奥十世就是美第奇家族的一员）。当时流通的有金币、银币、金属铸币等多种货币，这给进行远程交易的人和纳税业务带来了很多麻烦，而正是美第奇家族解决了教皇厅的这些麻烦。

美第奇家族特别重视的是汇票中介业务。这里提到的汇票是中世纪时期混乱的治安和难行的道路共同孕育出来的商品，是在非发行地的另一个场所指示代理人支付给汇票持有人汇票所示金额的一种指令函。例如，佛罗伦萨商人在法国东部香槟区的集市上购买当地商人的毛织品时，往往不用货币，而是用汇票支付货款。此时，汇票的发行人是佛罗伦萨商人，收款人是由当地商人指定的、生活在另外一个城市的第三者。第三者则可在佛罗伦萨商人的代理人处领到货款。以这种方式佛罗伦萨商人利用遍布于欧洲的代理人网络支付货款，而香槟区的毛织物商人则向另外一个城市的债权人还了债。

汇票对商人们来说是非常便利的交易方式，这种方式消除了使用金币或银币所需的运费和风险，而对从事国际贸易的大商人来说，还可以获得汇率差所带来的利润，真可谓是一举两得的买卖。特别要指出的是，当时的欧洲不仅是国王，连自治城市和共和国都独自铸造货币。相比于用贵金属货币支付商品货款，汇票的发行使债权、债务的处理更加便利。

但是这种汇票交易隐含着巨大的风险。因为贵金属货币的流通在交易中越来越少，很自然地导致频繁的赊账交易。在经商活动中信用交易和赊账交易的比重越高，说明经商的风险也就越高。为了解决这个问题，意大利的家族们研究出共同分担风险的方法。但是这种风险分散方式只能克服经商过程中的困难而已，一旦发生大的危机，就会出现大家一同破产的结果。如果发生类似黑死病流行，或者法国国王、英国国王破产等极端事件，其后果是不堪设想的。

那么这个问题应该怎么解决呢？如果出现一个能够根据需求兑换各种货币的，也能够向急需资金的商人提供优惠汇票的有信誉的

建于 1609 年的阿姆斯特丹银行所在的旧市政大楼

金融机关，是不是能够解决这个问题呢？

在历史上第一个实现这个设想的就是阿姆斯特丹市。当时的市政府发现，在荷兰流通的各种不同的货币给经商带来了很现实的麻烦，就出台了解决这一麻烦的对策——建立阿姆斯特丹银行。

当时荷兰和 14 个不同的造币国有贸易往来，流通的外国货币规模也是相当大的。阿姆斯特丹银行让商人们开设标准化货币的账户，并实行了支票和自动转款等今天看来很平常的业务。借助于这种体系，商业往来中实物铸币的使用大大减少。

佛罗伦萨通用的金币弗罗林的背面

　　但是当时的阿姆斯特丹银行不是现代意义上的银行，因为其不具备贷款能力。银行对不少人来说还是很陌生，也存在不知何时就要倒闭的风险。就算是政府成立银行，如果无法确信能够随时取回钱，人们是不会到那里存款的。所以阿姆斯特丹银行并不把引入的存款用于资金运作，而是用来兑换成贵金属，始终保持近乎100%的储备金准备支付。1760年，阿姆斯特丹银行里的存款有将近1 900万弗罗林（Florin）的时候，作为储备金的贵金属已经超过了1 600万弗罗林。阿姆斯特丹银行的现金储备很充分，不管是什么原因，哪怕是银行所有储户同时要求提款，阿姆斯特丹银行也是有能力支付的。

　　阿姆斯特丹银行虽然不具备贷款能力，但是这个国家建立的银行为商业活动提供了极大的便利。对商人们来说，自己的账户在"不会倒闭"的国有银行，可以运用它自由地进行商业活动，还可以在

（弗罗林）

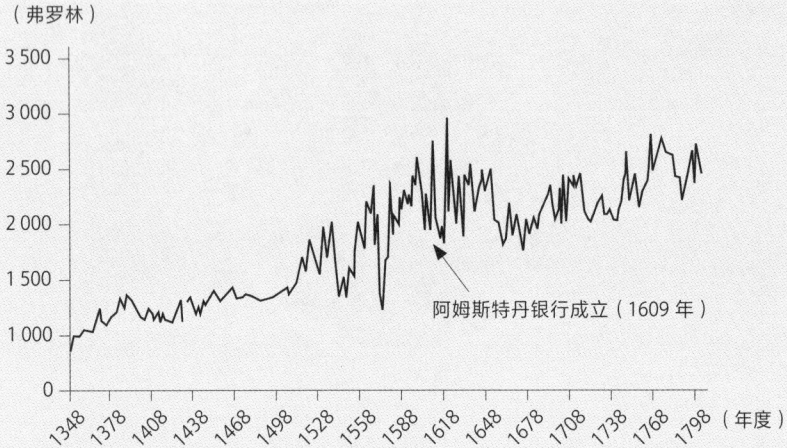

阿姆斯特丹银行成立（1609 年）

图 1-5　阿姆斯特丹银行成立前后荷兰人均收入演变

数据来源：Maddison Project.

　　马尔萨斯陷阱（Malthus Trap），指的是在人均生产效益年增长率达不到 0.1% 的近代社会，人口的增加就等于是诅咒。因为在有限的土地上人口的增加就等于是人均所得的减少。但是 15 世纪以后荷兰的人均收入在拿破仑战争之前并没有太大的减少。可以认为是农业生产效益的提升、海外市场的开拓，还有金融体系的革新造就了这样奇迹般的结果。

可信赖的条件下兑换多种货币。所有这些优势都足以压倒其他竞争国家。如果说美第奇家族是利用与教皇的关系和广布的分支网点而风靡一时，那么阿姆斯特丹银行就是用创建"体系"的方式把银行业提升到了更高的层次。而 17 世纪的荷兰能掌控世界经济霸权，和这些金融改革是分不开的。

　　在下一小节中，我们再看看英国是怎样追赶荷兰的。

《魔法保姆》和
银行挤兑故事

在上一小节我们谈到阿姆斯特丹银行的时候，称其"不具备贷款能力"，银行之所以没有贷款能力是因为受银行制度的限制。小时候我曾兴致勃勃地读过《魔法保姆》，里面有下列情节。

雇佣魔法保姆的本科斯，如同名字一样，他本身就是银行家，在托斯·托姆毛斯里·可拉普斯的诚实投资银行工作，是一名高级职员。有一天，他把孩子们带到了银行，银行老板托斯强行让本科斯的儿子麦克存款2便士，可是年幼的麦克想用这2便士买食物喂银行外面的鸽子，麦克一个劲儿地喊着："还我！还我钱！"在银行里正在办业务的顾客们听到了麦克的喊声，开始取出存款。马上就有越来越多的人开始提取存款，银行最终不得不中止办理提款。不出意料，本科斯被解雇了。被解雇的本科斯无奈地慨叹："在人生鼎盛期竟发生了如此荒诞的事情。"

这个小故事告诉我们，对银行的信赖度低的时候，挥之不去的"也许届时提不出存款"的恐惧始终伴随着人们。当时没有"存款保险制度"，如果人们同时提出存款，银行很可能陷入"无力支付"的状况。这种现象俗称"银行挤兑"（bank run）。我们也在2010—2012年间，在韩国储蓄银行搞结构调整的时候，目睹过客户为了提出自己的银行存款排成长龙的情形。

如果这种恐惧无法得到缓解，银行就只能始终处在不稳定的状态。1659 年瑞典政府设立的瑞典中央银行（Riks bank）在一定程度上解决了这一难题。这家银行发挥着和阿姆斯特丹银行一样的功能，同时也积极开展贷款活动，其活跃程度并不亚于商业结算。他们放贷的额度已经超过了他们拥有的储备金。之所以敢于这么做是因为他们坚信，只要银行积累足够的信誉，存款客户们同时来提款的概率是非常低的。

瑞典中央银行的改革种子在英国中央银行英格兰银行绽放成了美丽的花朵。靠着光荣革命登上国王宝座的威廉三世在 1694 年批准成立英格兰银行。英格兰银行成立之时以给政府贷款为条件获得了货币发行权。（可供参考的是，英格兰银行的股东是当时起银行作用的黄金精细加工者。）

这是一个很有价值的特权。发行银行券虽然对银行来说也许是负债，但是利息为零，而且如果不用 100% 以黄金和白银支付所发行的银行券的话，就会有很大的铸造差价。随着时间的推移英格兰银行因和政府的紧密关系，权限变得越来越大，到了 1844 年，其根据被称作《皮尔条例》（Peel's bank act）的银行法独占了银行券的发行，成为了名副其实的中央银行。

英国政府将已经发行的国债换成英格兰银行的股份，这等于把政府的负债转嫁给了英格兰银行。英格兰银行则用发行等值银行券的方式赚取差价，发给股份持有者红利，同时给英国政府提供贷款，

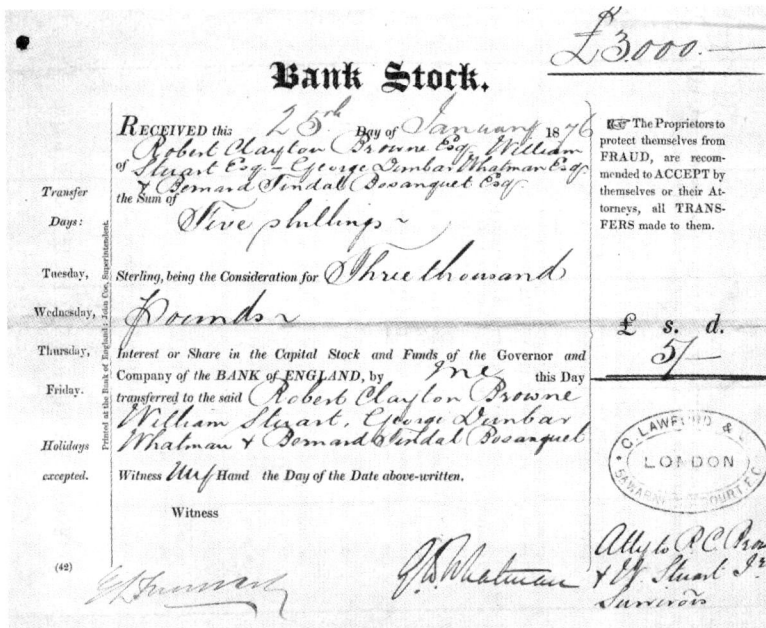

1876 年 1 月 25 日英格兰银行发行的银行券

从中得到利息差。如图 1-6 所示，英格兰银行的资产占 GDP 的比重在 1730 年已经超过了 20%。英国政府定期发行国债筹集低利率的资金，如果市场利率急剧上升，或者债券发行不如意时则向英格兰银行借贷，这样就能很容易地筹措到资金。

当然，如果英国政府不偿还英格兰银行的贷款，或者英格兰银行不能把银行券及时兑换成黄金，所积累的信誉就会瞬间崩塌。但是相比其他的欧洲国家，英国的税收体系是很健全的。在伊丽莎白一世统治期间（1558—1603），王室的收入从没有超过国民生产总

　　值的 2%，但在光荣革命之后（1688 年）英国政府的税金收入急剧增加了。政府总支出占国民生产总值的比例从 17 世纪 80 年代中叶的不到 4% 猛增至 18 世纪战争期间的 17%—20%。

　　然而自 18 世纪末开始的持续不断的拿破仑战争使英格兰银行也经历了一段艰难时期。从拿破仑掌控欧洲开始，英国的黄金价格开始上升了。光荣革命以后掌权的威廉三世和他的政府规定了英镑（银行券）和黄金的交易比例，即使这样也无法控制金价上升所导致的民众对金融体系日益高涨的不信任情绪。但是正如我们在第一小节提到的那样，纳尔逊司令和威灵顿公爵带来的决定性胜利使英格兰银行发行的银行券的价值重新得到了稳定。

　　在这里可能会有读者提出疑问，为什么曾经称霸欧洲，而且在地理上比英国更接近荷兰的法国未能造就中央银行系统，而沦落为"失败者"？在下一小节我们将探讨一下这个问题。

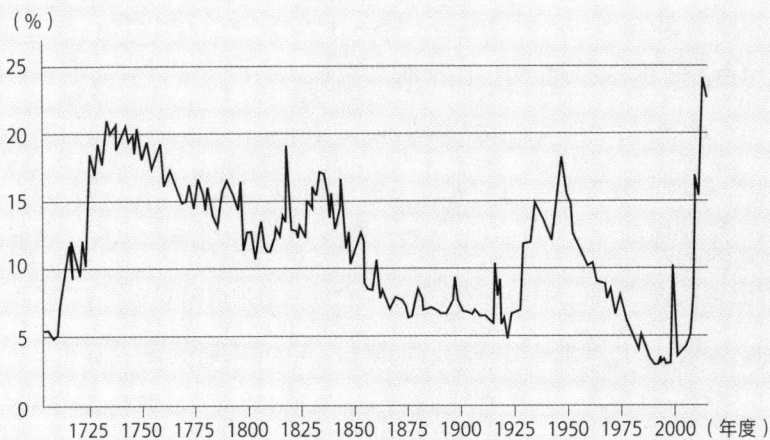

（%）

图 1-6　英格兰银行的资产占 GDP 的比重的演变

数据来源：美国圣路易斯联邦储备银行

　　银行的资产大部分是由贷款利息构成的。中央银行本身也是这样，除了对银行的一部分贷款利息以外，对政府的贷款利息占大部分。由此可见在战争频发的时期，英格兰银行资产猛增是因为政府为筹措战争资金扩大了贷款规模。

苏格兰骗子约翰·劳
和法国的没落

世界著名的经济史学者查尔斯·P.金德尔伯格（Charles P. Kindleberger）在说明世界主要强国是怎样得而复失其霸权时，称法国是"永远的挑战者"。拥有众多人口和广袤国土，还有强有力军队的法国没有一次在世界史的中心站立过，所以他可能觉得这样来指称法国最为合适。也不奇怪，因为16世纪西班牙占据霸权国家之位，17世纪荷兰以阿姆斯特丹银行和东印度公司为利器称霸世界海洋，18—19世纪英国则凭借无敌舰队建立了"日不落帝国"，而法国则始终留在"千年老二"的位子上。

为什么法国始终摆脱不了当老二的命运？当然这其中有诸多因素，而最大的原因就是没有钱，且信誉扫地。法国王室在1559年、1598年、1634年、1648年、1661年、1698年、1714年、1721年、1759年、1770年、1788年全部或部分地没有履行债务。路易十六召集了后来成为1789年法国大革命导火索的三级会议[①]，也是为了

[①] 法国三级会议由神职人员、贵族和平民代表组成，是国王咨询机构。但是在三级会议内部经常发生平民代表和保守的贵族代表之间的对立。在整个16世纪，三级会议召开的次数比较少，1614年卖官制被废止，此后的170年三级会议一次也没有召开。但是到了1789年5月，因严重的财政问题而苦恼的路易十六召开了久违的三级会议，可在会议上因讨论方式和投票方式产生了严重的意见对立，这也成了法国大革命的导火索。

解决财政困境以避免履行债务。

当然并非所有法国国王都为了强占大商巨贾的财产，如同家常便饭般不履行债务。一再地不履行债务，会导致的不仅是利息的上升，而且是彻底的借贷无门。据大革命前夜发行的《1788 年国库会计报告书》所载，法国王室的支出是 6.3 亿里弗尔，而收入为 5.03 亿里弗尔，其赤字竟达到收入的 20% 左右，出现高额赤字的主要原因是要支付庞大的债务利息。当时所需支付的利息大约是 3.2 亿里弗尔，约占整个预算支出的一半。

法国王室被巨额的债务缠身的根源在于"战争"。特别是法国参与美国的独立战争（1775—1783），几乎花掉了 20 亿里弗尔，这直接导致在 1789 年大革命前夕货币总量为 25 亿里弗尔的法国，王室的负债却高达 50 亿里弗尔。即使这样，政府也不能为了填补债务而多收赋税。据历史学界推测，当时法国国民的税负率在 1683 年已经达到 31%，而 1789 年竟飙升到 38%—40%。雪上加霜的是特权阶层根本不缴纳税金，而劳苦大众的赋税却居高不下，再继续增加赋税实在是强人所难了。特别是在 1679 年，法国对活跃在工商业界并起核心作用的胡格诺新教徒课以歧视性的重税，还废止了 1685 年颁发的、赋予宗教自由的《南特敕令》，致使 150 万—200 万的胡格诺新教徒离开了法国，法国的经济活力大大降低。

在这种情况下法国王室所能采取的对策只有两个。其一是召集三级会议，课税于特权阶层。其二是成立一个像英格兰银行一样能借钱给政府的中央银行。前者毫无悬念地遭到贵族和圣职者们的强

苏格兰出身的骗子约翰·劳

烈反对，只好视成立中央银行为上策了。

这个时候出现了一个人，他就是苏格兰出身的骗子约翰·劳（John Law）。约翰·劳出身于苏格兰黄金精细加工家庭，因决斗杀人，跑到欧洲大陆，遇到了路易十五的摄政王奥尔良公爵腓力二世，当上了中央银行掌管实务的主管。约翰·劳的设想是很新颖的。他进言成立一个由王室组建的银行，由政府独占货币的发行。它的本质是把英国英格兰银行循序渐进的扩张过程加以缩短并在短时期内完成。

可是法国王室有数次宣告破产并停止支付利息的恶名，即使成立中央银行发行纸币也难以保证其能在民间顺利流通。为了解决这个问题，约翰·劳提出了一个"锦囊妙计"：成立密西西比公司。密西西比公司将独占法国所有的海上商业权利，并在 1720 年和王室银行合并，组成中央银行。简而言之，前途无量的密西西比公司就是中央银行，所以中央银行发行的纸币具有和黄金一样的价值。

开始一切都很顺利。法国政府印刷的货币一笔勾销了政府的负债，而随着密西西比公司股价的急剧上升，法国老百姓开始幻想着"玫瑰色的未来"。1719 年夏至 1720 年，密西西比公司的股价从3 000 里弗尔暴涨到 1 万里弗尔，但是"股票博弈"的结局都是相似的，最好的结局是同业者们一起共进共退，可是总会出现先于别人大举抛盘、然后套现离场的背信弃义者。

出乎意料的是，这第一个叛徒却是以奥尔良公爵为首的法国王室成员们。崩盘几乎是瞬间的事情。到了 1720 年夏，密西西比公

（里弗尔）

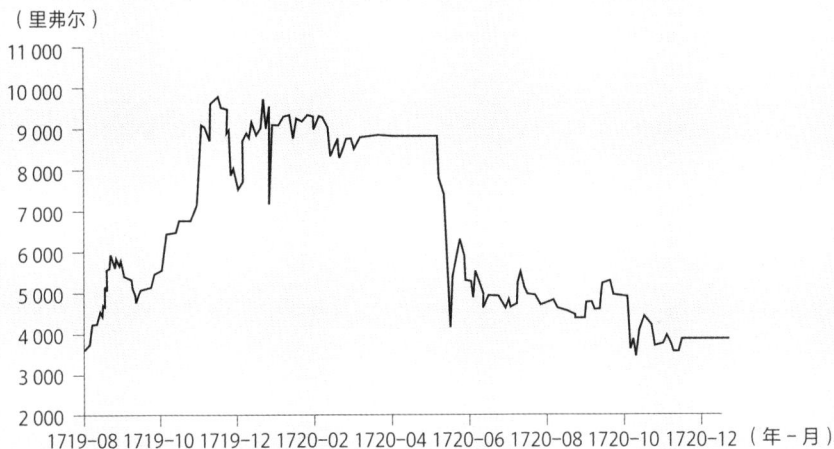

图 1-7　1720 年前后密西西比公司的股票走势图

数据来源：美国圣路易斯联邦储备银行

　　与图 1-2 中东印度公司的股价趋势正相反，密西西比公司的股价不是循序渐进地上升，而是急剧上升，在高处形成拐点，然后迅速暴跌，是"泡沫破灭"或者"作战失败"的典型模式。其股价在内部操作者的操纵下达到高点以后垂直下跌，最后连反弹的机会都没有。

司的股价跌到 3 000 里弗尔以下，之后连交易也中断了。1720 年末奥尔良公爵最终解除了约翰·劳的银行行长职务，法国雄心勃勃地想成立中央银行的计划流产了。当然，法国国王可以一边抛售密西西比公司的股份，一边刺激通货膨胀，以此实质性地减轻债务的负担，可是法国的国民就损失惨重了，他们开始对国家主导的银行和纸币产生强烈的不信任感。

因此，法国在 16 世纪以后始终未能摆脱第二梯队国家命运的关键性因素是"财政战争"的失败。法国大革命以后掌握最高权力的拿破仑抛售教会拥有的资产，引进新的货币，同时也加强力度榨干荷兰和意大利的纳税人，可法国的国债利率始终没有跌到 6% 以下。在 19 世纪初，法国的长期公债的平均利率始终比英国国债高 2% 以上。结果是法国军队在欧洲全域因掠夺而臭名远扬，而被征服的国家却在持续地反抗，所有这些都和"不稳健的财政"有着密不可分的关系。

工业革命以前的欧洲故事就谈到这里，接下来让我们把视线转向同时期的东亚。

给我们的启示

— • —

利率高的国家往往
不是最佳投资选择

观察西班牙、法国还有荷兰等诸多欧洲国家的历史，我们可以得到一个启示：荷兰和英国等人口并不多的国家之所以能够掌握霸权，其最重要的原因就是赢得了国民的信任，从而能够从国民那里筹措到低利率的资金。

在这里可能会有人提问，英国的存款人和债券投资者们的情况又是怎样的？

读完第一章的读者知道，英国存款人的日子是很幸福的，因为他们坚信存到银行的钱或者买入的政府国债几乎没有打水漂的可能。当认为自己对所持有的银行存款或者债券等的追索权安全有保障的时候，即使利率偏低人们也会接受的。但是如果人们对自己所持有的债券存在连本金都可能失去的恐惧心理，人们对低利率是不满意的，这时候就出现了风险溢价。

从图 1-8 中可以发现美国公司债（BBB 级）的附加利息在每逢经济不景气时会急剧上升。作为参考，公司债有从信用度最高的 AAA 级到已经破产的债权 CCC 级等几种等级。BBB 级是信用评价机构作出的信用评级，在债券等级中相当于"警戒"的级别，这是因为信用评价机构把 BBB- 级以上的级别（含 BBB- 级）称为"适合投资的级别"。也就是说，级别在 BBB- 级以下的公司，例如 BB 等级或者 B 级的公司发行的债券则被称为"不适合投资"或者"投机级别"的债券。显而易见，信用等级越是低的公司，在遇到经济不景气时，倒闭的可能性就越大，所以公司债的人气也会越低。在这种情况下公司如果不提高利息，是卖不出债券的。

18 世纪法国和西班牙政府发行的债券之所以是高利率，其原因就在于此。虽然没有评定信用等级，但是考虑到曾经频繁地发生过财政危机这一点，就和信用度低的公司债毫无二致。国家或者个人信用度低的时候，利率就会上升，所以越是利率高的国家（或是企业及个人），其不确定性也越高，表示其资本市场也越不发达。

这种现象最为明显的例子就是近现代的朝鲜社会。庆尚道庆州的大家族借给周边的熟人或者佃户的钱（族契、洞契）的利息从 17 世纪末到 1910 年一直维持在 50%。在全罗道永岩，利息在 1740 年是 40%，在 18 世纪末是 30%，在 19 世纪中叶则达到 35%—40%。利息偏高的原因并不是朝鲜人有着借钱不还的恶习，而是因为资本储蓄艰难，很少有人借贷给别人，再加上近代化的社会结构还没有形成，无法制裁背债逃遁的人。这一点和西班牙及法国王室也相似。这些国家的国王们因本国的储备不足，就向外国的银行家借钱，然后就频繁地宣告破产，可即使这样对方也无法制裁他们，所以附加利息就偏高。

这样的启示如果活用到投资领域，投资者就会知道高利率都是有原因的。也就是说，土耳其、巴西等这些国家发行的国债，以及韩国的一些信用等级较低的企业发行的公司债，它们的利息都偏高，也都是因为这个原因。当然，在经济发展强劲的时候选择高利率债券进行投资的人会增加，因而这种债券的人气也会开始上升，可是像2000年和2008年，经济状况恶化的时候，切记，它们有可能成为银行第一个回收资金的对象。

（%）

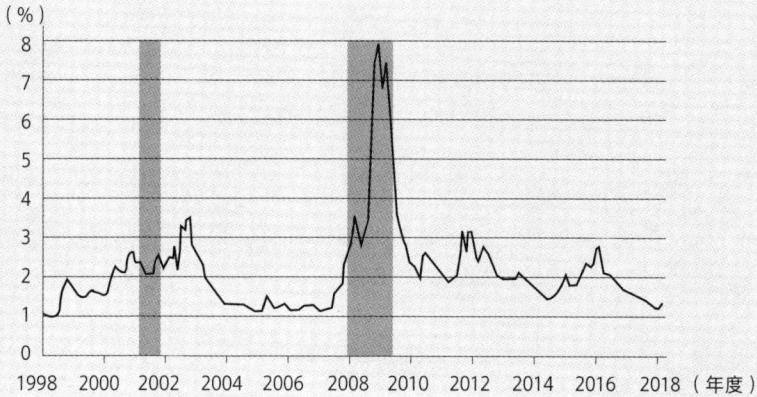

◉ 图1-8　美国公司债附加利息（BBB级）演变

数据来源：美国圣路易斯联邦储备银行
注：阴影部分是美国国家经济研究局（NBER）判定的经济疲软时期
　　在国际金融市场不存在"支票债券"，但是一个国家政府发行的国债是评价其他债券利息的基准。公司债（BBB级）的附加利息能显示出它比同时期的国债高出多少利息，附加利息的变化最能准确地反映经济活动参与者们的心态。市场参与者们的忧虑是，附加利息高的时候经济会疲软，因而不能支付本金和利息的企业会增加。

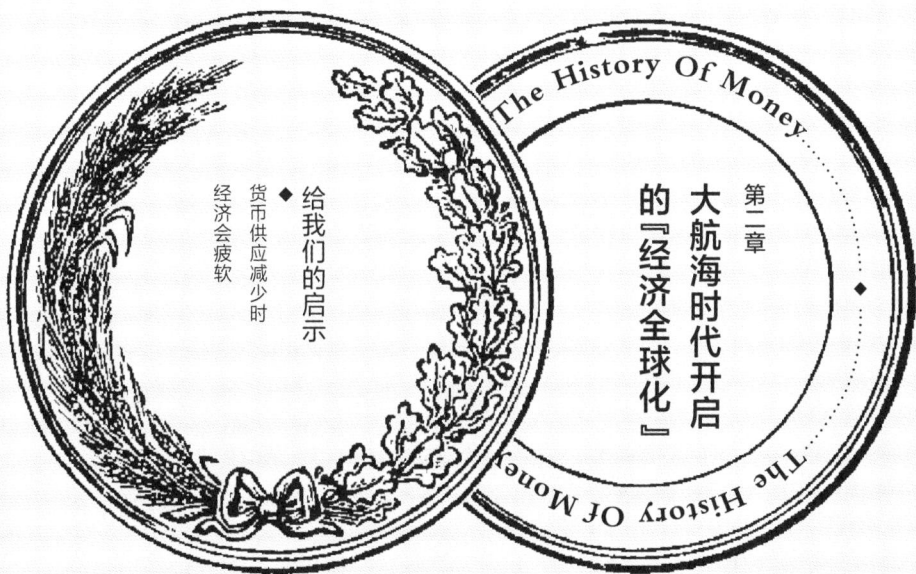

第二章
大航海时代开启
的『经济全球化』

◆ 给我们的启示
货币供应减少时
经济会疲软

为什么明朝时
倭寇猖獗？

　　西班牙人征服了美洲大陆，发了一大笔横财，但是这并没有改变欧洲人和美洲人的生活。也许受影响更大的是以中国和日本为中心的东亚社会。1492 年，在哥伦布发现新大陆之前中国明朝已经开始用银元替代各式各样的铸币，这就是万历帝（1573—1620 年在位）执政初期著名宰相张居正果断实行的所谓"一条鞭法"。张居正实行的这项改革的核心是，把各种赋税都统一为土地税，并统一以银元收取。随着所有税目都变成了单一的土地税，全国范围的土地调查也随之而来了。此次土地调查查到了地方统治阶层为了不交土地税而隐匿的大量土地，朝廷把这些全部划为课税对象，因而国家的财政状况开始有了很大的好转。

　　明朝从嘉靖年间（1522—1567）开始陷入了持续不断的战争泥沼，所以税收改革成了当务之急。在这里需要作些许补充的是，宋朝和明朝等汉族建立的国家政权始终苦于外部势力的侵略。与其说是这些朝代的国力羸弱，不如说是周边民族强大的骑兵和快速的舰队令人防不胜防。嘉靖帝执政期间，明朝经历了中国历史上最野蛮残暴的倭寇掠夺，史称"嘉靖大倭乱"。

　　为什么倭寇的侵略和掠夺偏偏集中在这个时期？对此的争论持

续了很长时间。最近发表的研究结果表明，在这个时期海盗的名称虽为"倭寇"，但其成员大部分并不是日本人，而是中国商人。曾拥有数百艘船只和 10 万多名船员的"海盗王"汪直其实是中国人，而他自己称自己为"海商"。因此，"嘉靖大倭乱"与其说是日本人的侵略，不如说它是中国人之间的问题。

那么为什么这些人以自己的国家为目标进行大肆掠夺呢？其原因就在于明朝的政策变更。中国有着鼓励贸易活动的传统，受益于此，中国在 7 世纪以后和朝鲜、日本等亚洲国家以及阿拉伯国家之间的海上贸易非常兴旺，然而洪武帝（1368—1398 年在位）在建立明朝以后立即采取了海禁的政策。不过锁国只是对外言论而已，其海洋贸易在官方默许下始终未断。特别值得一提的是，永乐帝在位期间（1403—1424），通过几次组织郑和下西洋，实际上进行了规模相当大的海外贸易活动。可是到了嘉靖年间，明朝开始严格执行海禁政策，摧毁了数百艘商船并处死走私的商人。

对于嘉靖帝突然严格控制走私贸易的原因目前有诸多的说法，其中最有说服力的一种是，西方势力在中国南海的出现引起了他的高度警惕。葡萄牙舰队在南海做出大规模的海盗行径，加之在日本的战国时代① 地方领主们威逼中国强求自由贸易的事件，这些都使

---

① 日本从 15 世纪后半叶到 16 世纪后半叶是群雄割据、战乱不断时期。这个时期地方长官、豪族等扩大了自己的势力范围，在日本各地建立了地方政权。地方政权之间发生的政治、经济问题大都用武力方式解决。一般认为从 1467 年，以应仁之乱为开端的群雄割据，到 1590 年丰臣秀吉统一日本的时期为战国时代。

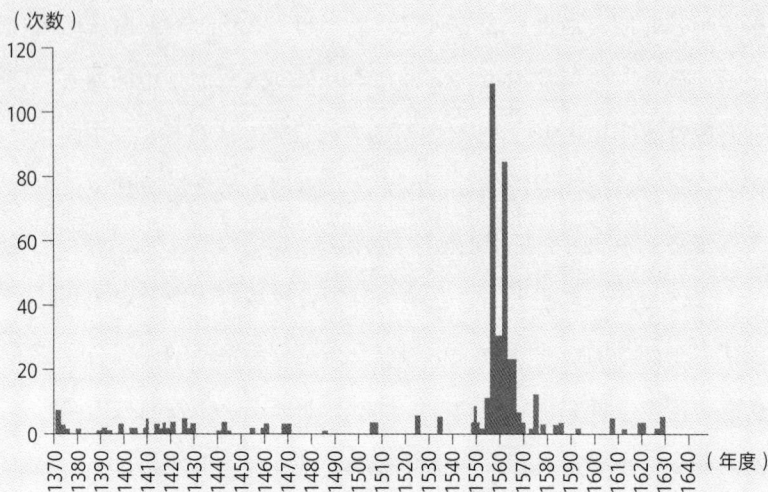

（次数）

图 2-1　1370—1640 年倭寇侵犯的频繁程度

数据来源：바다소리（2018.6）

　　中国深受"北虏南倭"之苦。北方的骑马民族一遇到气候异常遭受饥饿时，就侵犯南方的农耕民族，实施掠夺，解决危机；而南方的海洋民族则在他们的通商要求得不到满足时，就摇身一变成倭寇。特别值得一提的是，最近有分析指出，13—14 世纪的倭寇入侵是以日本等海洋民族为主导，而 16 世纪中叶的第二次倭寇入侵是由那些失去贸易机会的中国人的积极参与造成的。

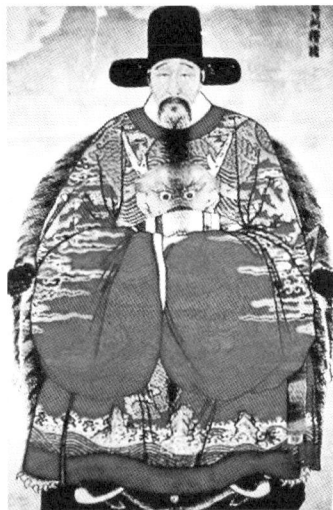

施行"一条鞭法"的明朝政治家张居正

原本就主张全面控制海外贸易的人们变得更为坚决，其主张也开始更占上风。

海禁政策实行以后走私贸易萎缩了一段时间，但明朝政府却无法继续压制。一方面是以葡萄牙为首的海外势力几近狂热地渴求中国产品，另一方面是对中国的贸易商来说，他们从事几十年、甚至几百年的营生给封死了，没有了生路，只得铤而走险当海盗，由此整个中国东南海岸完全失去了控制。明朝的戚继光用自己崭新的战术在一定程度上遏制了猖獗的倭寇，但是无法从根本上解决问题。

其结果是，在嘉靖帝驾崩后，于1567年登基的隆庆帝（1567—1572年在位）开放了福建省的漳州港，同时也允许去海外从事贸易

的中国人回国，而地方政府允许葡萄牙人租借澳门成了一个转折点，
倭寇袭击的次数明显地减少了。但是因为倭寇的蹂躏，肥沃的江南
地区变得满目疮痍，哀鸿遍野，北方的形势也越来越险恶，明朝的
财政负担已经到了难以承受的地步了。

张居正的改革正是在此时完成的。他一方面把各种税目统一成
土地税，另一方面要求用银元替代谷物缴纳税赋。像山西省这样的
北方地区有战事的时候，把南方收来的大米再换成银元或者黄金然
后再支付给北方地区的商人，这样不仅产生重复的费用，效率也很
低。进行改革之后，发达的货币经济让赋税的缴纳变得非常便利。

但是这个制度并不完美。正如第一章中提到的 15 世纪欧洲黄
金供给不足的例子，在使用贵金属货币时最关键的就是要稳定货币
的供应。一旦因为白银不足而产生问题的话，就会有发生通货紧缩
的危险。也就是说，随着钱的价值上升，储蓄倾向也水涨船高，而
这有可能引发严重的通货紧缩。当然，如果有中央银行的话，就可
以即刻采取下调利率等振兴经济的措施，可遗憾的是在荷兰的阿姆
斯特丹银行成立之前，全世界没有一个能起这种作用的中央银行。

美洲大陆的
白银进入中国

　　研究历史时往往有人由衷地慨叹："这真是命运啊！"16世纪中国和西班牙的相遇就是这样。当中国因果断实行历史性改革——"一条鞭法"却苦于银币不足时，西班牙人正好在墨西哥和秘鲁发现了银矿。

　　西班牙的大舰队从墨西哥出发经菲律宾到达中国以后，在购买瓷器和丝绸的时候用银币支付货款，这样中国的贵金属短缺问题就得到了解决。一些历史学家竟认为从美洲进入欧洲的白银大部分都转移到了中国，可想而知，进入中国的白银数目之庞大。

　　这里可能有人会问，中国产的商品在欧洲是很受欢迎，但是还没到要把大部分美洲产的白银都投入到中国以满足欧洲人需求的程度吧？对此历史学家们认为应该关注黄金和白银的兑换比率。简言之，相比其他地区，白银在中国的价值是偏高的。如图2-2所示，16世纪黄金和白银的兑换比率在欧洲大致是1∶12，而在中国则是1∶6，也就是说银的价值在中国比在欧洲高一倍，所以对欧洲人来说，只要把白银运到中国就能净赚一大笔。

　　产生这种现象的原因有两个，一是美洲大陆萨卡特卡斯和波托西，两个史上最大规模的银矿脉的发现，二是当时东亚地区黄金的产量比其他地区高。最为典型的例子就是日本的佐渡金矿，据众多的史料记载，当时其黄金的年产量竟已达到了6万—9万公斤。当然，随着白银从欧洲大举进入中国，黄金和白银的兑换比率差也开始越来越小，但是在蒸汽船被发明出来之前，因为运输所需的时间和费用的原因，兑换比率差仍然较大。

在19世纪电报开通前，近现代社会的信息相对闭塞，这点从相隔大西洋的两大陆的棉花价格上可以看出来。美国纽约港的棉花出口商对处于棉纺织业核心地区的英国利物浦的市场相当敏感，可他们对利物浦的行情一无所知，只能在纽约港等待蒸汽船带来刊载利物浦新闻的报纸，但载有价格信息的报纸要在大西洋航行7—15天才能到达纽约港，按通常的定价原则，利物浦的棉花价格应该是纽约的棉花价格加上运输费用，可在实际操作中往往出现离谱的定价。

直到1858年8月5日，横穿大西洋的海底通信电缆铺设后，两地的棉花行情才得以实时传送，由此，两地市场的差价迅速变小，并维持了稳定态势。

生活在现代社会的我们可能很难理解中国和欧洲的金银兑换比率差距之大，但是一定可以理解，在没有电话和因特网的年代，信息是非常珍贵的"资产"。在下一个小节我们将以更为久远的时代为背景，察看一下黄金和白银等贵金属的进入和输出给中国历史带来的影响。

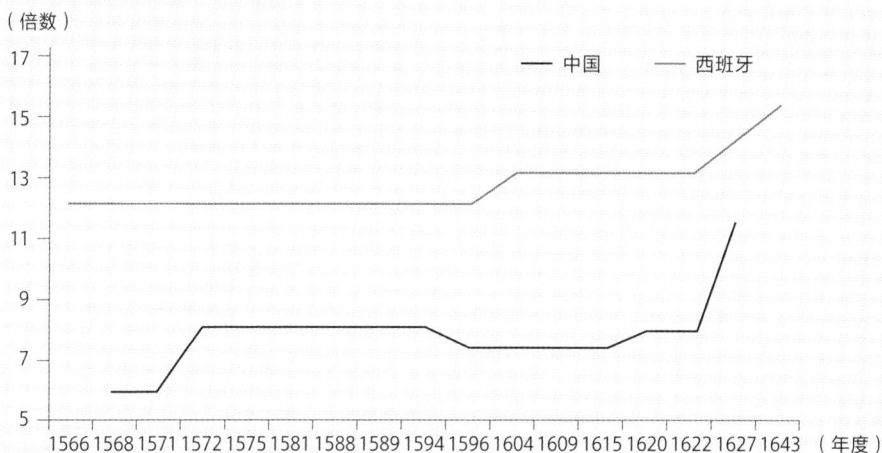

（倍数）

图 2-2 中国和西班牙的金银兑换比率（1 个单位的黄金可兑换的白银的量）

参见：주경철，『대항해시대 : 해상 팽창과 근대 세계의 형성』, 서울대학교출판부（2008），259 쪽

金和银的兑换比例历来就没有固定过。最近的兑换比例大概为 1 ：60，但是在过去这个比率都是因地而异的。特别是在 16 世纪，因西班牙人在美洲大陆发现了大量银矿，东西方的金银兑换比率相差近一倍。麦哲伦环游世界之后便有了从美洲到亚洲的定期航海，也有了一种所谓的"利差贸易"，在蒸汽机和无线电等技术的革命成果还没有大规模普及之前，东西方的金银兑换比率还是存在着很大差异的。

为什么无人关心
"三国"时代结束后的历史?

　　《三国演义》在韩国,甚至东亚各国的巨大影响是不言而喻的。汉末因宦官和外戚的专横,国家政治一片混乱,黄巾农民起义开启了"乱世",在此背景下觊觎天下霸权的曹操、孙权、刘备时而合作,时而争斗的过程使众多读者热血澎湃。

　　可是似乎很少有韩国读者对三国时代结束后的历史抱有兴趣。当然,对此多少可以理解为,故事的主人公刘备、关羽、张飞三兄弟依次离开人世,剩下诸葛孔明独自竭尽全力以保蜀国,可是蜀国和强国魏国的差距还是越来越大,最后其殒命北伐,读到这里不少读者都会黯然神伤。可是后来就是晋统一中国,五胡乱华,长江以北被人强占,中原汉族仓皇逃离、苟延残喘等过程而已。相比三国时期群雄逐鹿中原,读者变得兴趣索然是可以理解的。

　　在这里可能有人会问,三国时期相互交战时动用的兵力,少则数万,多则数十万,当时的军事力量是如此的强盛,可统一了三国的晋为什么会莫名其妙地被北方民族打垮了?

　　历史学家们认为,分封地方的王族为继位问题发动叛乱的所谓"八王之乱"使国家处于分裂状态,以及登基的皇帝们个个无能,这些都是晋败亡的原因。当真如此吗?除了清朝,中国历代王朝因

当时北方民族强有力的新式武器——镫子

皇帝昏庸无能而灭亡的例子可以说比比皆是，可是为什么唯独自晋
朝开始一直到唐朝之前的这一时期，汉族建立的王朝总是被外族
欺凌？

当然这其中存在各种原因，但首要的原因应数"军事改革"。
北方民族借助于新发明的、强有力的新式武器——镫子，使重骑兵
在战场上有了压倒性的优势。这里所说的镫子是和马鞍连在一起的
脚镫子。镫子使人在上下马和在马背上的时候得以保持平衡，是很
实用的发明。在镫子发明以前骑兵的主要武器是弓弩，骑兵的战术
一般是用弓箭进攻敌方，然后退后。镫子发明以后骑兵的战术变成
使用长枪的突击战法。如果考虑到在 8 世纪左右镫子传到西方之后
西方才真正开启了中世纪时代，那么由此下结论"因为有了镫子北
方游牧民族才占了优势"，似乎不无道理。

可是在中国的历史文献里首次出现有关镫子的记载是公元 477
年，所以在三国时期（公元 3 世纪初）北方民族似乎难以拥有军事

上的优势。事实上，曹操只要派遣少数的远征部队就可以打垮鲜卑族。那么是什么给北方民族带来了优势？

如前所述，即使在镫子发明之前以汉族为首的农耕民族和游牧民族单打独斗的话，也赢不了游牧民族。为了战胜游牧民族，农耕民族就得采取败于战斗而赢在战争的方式，即要在人数上占压倒性的优势，要建立大的城市居住在里面，要具备先进的生产力，积极利用这些特点和游牧民族展开持久战，可以说这是必胜的秘诀。游牧民族不会种田，所以如果没有农耕民族生产的粮食和铁器，会直接威胁他们的生存。

事实上西汉初期的汉武帝（公元前 140—前 87 在位）拥有强大的军事力量，国库里粮食和贵金属均十分充足。凭借巨大的财力，他在历史上留下不少浓墨重彩的壮举，如征服朝鲜，还有派张骞出使西域①等。汉武帝名留青史很大程度上是因为其善于征战，他如此热衷于和西域国家进行贸易主要就是为了得到汗血宝马（亦称天马），以便防范北方的匈奴。当然，即使没有这些马，征服北方民族也是完全有可能的事情。切断和匈奴的往来，完全停止供应粮食和铁器，以万里长城为主加强各地要塞的防御，也许时间长一些，可照此坚持下去的话，匈奴是必亡无疑的。但是汉武帝的愿望是在

---

① 公元前 139 年，汉武帝为了和伊犁河流域的大月氏国结盟共同抗击匈奴，派遣旅行家张骞到大月氏国。但是大月氏无意击打匈奴，拒绝结盟。汉武帝在公元前 119 年再次派遣张骞到伊犁地区的乌孙，这次张骞带来了来自西域诸国的商队。因张骞的西域之行西方的产品开始进入中国，由此东西方的贸易和文化往来得到了发展。

他在位时解决掉匈奴问题。所以，他通过开拓丝绸之路培育了骑军，在公元前 119 年成功地把匈奴赶到了戈壁沙漠之外。

把强敌匈奴远远地驱赶到戈壁沙漠之外这是值得称道的功绩，可是从那之后汉朝开始走向漫长的下坡路。为了改善因长期战事导致的国家财政紧缩，朝廷开始对盐和各种生活必需品课以重税，令商业活动受到严重打击，这是汉朝开始走下坡路的直接原因；而为了引进以马匹为主的大量物品，向西域输出大量贵金属则是更关键的因素。汉朝时期一斤黄金相当于 1 万个铜钱，黄金和铜的兑换比率是 1 ∶ 130。和现在相比，当时黄金的价格是惊人的低廉，可在中国和西方通商以后，黄金的价格也开始持续地攀升。

货币供应（贵金属供应）一旦减少，就会对整体经济造成负面影响。就像前文中提到的 15 世纪欧洲的事例一样，货币供给开始减少的时候最为通用的对应方法是减少货币的使用，而减少货币使用最简捷的方法是自给自足。

事实上 "庄园文化" 从东汉开始一直延续到南北朝时代。所谓 "庄园文化" 就是指富裕的贵族们大规模地开垦土地，然后利用饥饿难耐、无处安身的百姓在农场劳作，建造一种自给自足的生活圈。这在当时是完全合乎常理的事情，可是从经济角度看这种做法是非常低效的。亚当·斯密在《国富论》中指出分工和交换才是快速提高生产率的首选方法。在这里引用一下书中制针工厂的示例。

一个劳动者不借助机器，手工作业的话，一天最多能生产一枚针，但是把制针的过程分为 18 个工序由 10 个人分工制作的话，一天可以生产 4.8 万枚针。如果要把针的生产产业化，进行分工制作的话，必须有一个一个月能够销售 140 万枚针的市场。只有形成有规模的市场，才能开启靠专业化提高生产效率并以此获得巨大利润的收益递增世界。

亚当·斯密的文章里也说得很明确，城市萎缩，市场消失，改革也会随之消失。通过分工等改革提高生产效率，能够制造出品质优良的产品，但是如果没有与之匹配的市场，改革的幼苗就不会发芽成长。《三国演义》中经常会出现刘备、孙权等豪杰们受到地方权贵资金和兵力支援的情节，其实后者就是庄园的所有者。他们经常率领着由家仆组成的私人部队，即"部曲"，作为部队的将领参加战斗。

相比变得脆弱的经济，更为严重的问题是人口数量的急剧下降。在黄巾起义（184 年）之后，中国的人口数量急速下降，由三国初期的约 6 000 万急减到三国末期的 1 600 万。虽然这个数字不包含藏匿在庄园里面的人，但这同时也反映了政府行政能力的薄弱。结果晋朝虽然统一了三国，可是经济不景气的形势却一直在延续，脆弱的经济和减少的人口使觊觎多时的北方游牧民族有了机会。

强大的经济实力对农耕民族的国家来说是最大的优势，但是这个优势被庄园经济的出现给摧毁了，国家失去了抵御北方游牧民族攻击的能力。可以说，古代中国的国力在汉武帝时一度达到巅峰，从那之后到南北朝开始前的大约 500 年间，一直在走漫长的下坡路。

在这里需要补充的是，宫崎市定教授的观点很吸引人，但最近

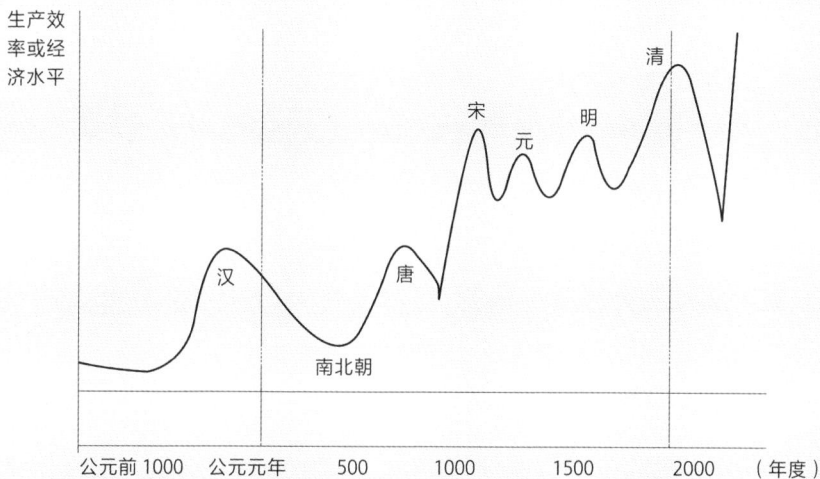

生产效
率或经
济水平

汉

南北朝

唐

宋

元

明

清

公元前 1000　　公元元年　　500　　1000　　1500　　2000　　（年度）

图 2-3　中国历史上的经济状况图

参见：미야자키 이치사다，『중국중세사』，신서원（1996）

　　日本的中国史研究学者宫崎市定教授认为，中国经济在汉朝第一次到达顶点以后，在三国时期和南北朝时期经历了漫长的停滞期，到了唐朝和宋朝又有了飞跃式发展。这时的中国人技术力量比西方人发达，拥有西方人渴求的三大产品（丝绸、茶、瓷器），并凭借此优势从西方引入了贵金属。

也有反驳"沿着丝绸之路输出的黄金引发了货币紧缩"的观点出现。万志英教授在《剑桥中国经济史》中指出，西汉末年，王莽改制，推行新货币，代替了当时正流通的货币，从此经济开始陷入混乱。特别是黄金交易的国有化，致使黄金在市场中消失。总之，可能的原因有很多种，但是汉武帝之后汉朝的货币经济逐渐萎缩，并倒退到自给自足的庄园经济状态，这却是千真万确的。

　　下一个小节我们来探讨一下，借力于欧洲航海时代的开启，中国引进了规模庞大的贵金属，可是明朝却还是难免灭亡的命运，这又是为什么？

中国直到明朝
一直比西方富裕

　　"一条鞭法"的实施和紧随其后的贵金属的扩大供给使明朝的财政变得相当宽裕。虽然对此有很多争论，但一直到明朝中国比西方更加富强是事实，至少生活水平是相近的。

　　万历初期，财政改革推行得卓有成效，之前明朝政府又成功地和不断侵扰北方地区的、盘踞在蒙古的土默特部首领俺答汗签订了和平协议，明朝供应蒙古所需的多种产品，而蒙古则要向明朝封贡称臣，以此换得经济上的援助。

　　从某种角度来说这是"用金钱买来的和平条约"，但在当时由于"一条鞭法"和海外贸易变得相当宽裕的国家财政为此提供了可能性。按当时的记录，明朝在太仓囤有粮食 1 300 万石，在国库保有 600 万两以上的白银。正因为有如此雄厚的财力，明朝政府才能够和俺答汗签订和平条约，并大大加强北方要塞的返修改建。万历帝任命在征讨倭寇中立下赫赫战功的戚继光为左都督，又命令李成梁镇压辽东，修缮万里长城，建造了 3 000 多个瞭望楼。

　　在这里可能有人会问，16 世纪的明朝很繁荣是事实，但是和别的国家相比，其国民的生活水平是不是也很高啊？

　　用国内生产总值（GDP）来推定是好方法，但测定 GDP 有很多

困难。最近作古的安格斯·麦迪逊（Angus Maddison）教授倾注平
生精力测定了世界主要国家 2000 年来的 GDP。这一历史性的研究
成果有助于理解过去的历史，但是他的数据的准确性还有待商榷。
从最近在韩国引发争论的"家庭收支动向"数据中可以看出，测算
国民的实际生活水平，特别是收入，存在着太多的困难。当代社会
的支付和通信手段都已经相当发达，即便如此，要估算国民的生活
水平也会受到诸多限制，而对工业革命以前的经济水平作准确的测
定是不可能的事情。

为了解决这个问题，西方史学界大家伊恩·莫里斯（Ian
Morris）教授在历史分析中借用了联合国开发计划署创立并发布的
人类发展指数（HDI）。此指数在测定人的生活所到达的水平时，
不仅测定收入，还参考了人的预期寿命和文化程度等其他因素。如
果一个国家的 HDI 在 0.9 以上，那这个国家可视为发达国家。作为
参考，2018 年韩国的排名是第 22 位，超过了法国、西班牙等国家。

伊恩·莫里斯教授希望参考 HDI 来测算过去各国的社会发展指
数（SDI）。既然没有 GDP 数据，也没有文化程度统计，那就得选
择可代替的指数，他选择的第一个指标是能源使用量，其次是城市
规模，他还量化了信息处理量和处理能力，以及战争能力，根据这
些指标，他测定了各国在各个时期的社会发展水平。

图 2-4 所示的是 15 世纪以后西方和东方的社会发展指数演变。
如图所示，相比于西方，东方在很长时间里始终占据着上位，这一
优势一直保持到 18 世纪末。

（分数）

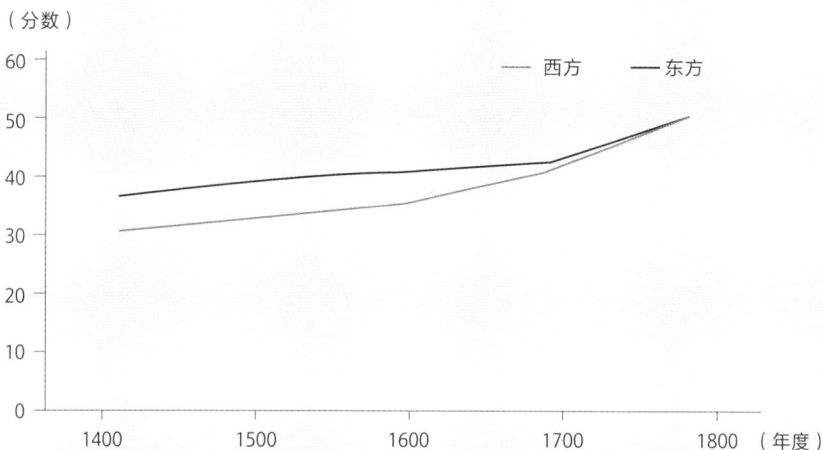

图 2-4　15 世纪以后东西方的社会发展指数演变

参考: 이언 모리스, 『왜 서양이 지배하는가 : 지난 200 년 동안 인류가 풀지 못한 문제』

　　莫里斯教授为了解决无法准确测算能反映过去社会发展水平的国内生产总值（GDP）这一问题，便参考人类发展指数（HDI）的评估方式创立了社会发展指数（SDI）。通过城市规模、能源的使用等间接的指标测算出了东西方的发展水平，可称为具有划时代意义的尝试。有意思的是，数据显示东罗马帝国灭亡以后东方占明显优势，可在 1800 年前后这一趋势开始逆转。

看到这里读者可能会问，东方，特别是中国，一直到 19 世纪末社会发展水平也比西方高，但这一优势为什么在清朝渐渐丧失了？我们将在第三章重点讨论一下这个问题。

因税收改革富强起来的明朝
为何最终走向灭亡?

一直到 16 世纪还保持富强的明朝为什么到 17 世纪就被清军打垮了? 当时满洲的骑兵具有强大的战斗力是事实,但是想冲破以山海关为中心的明朝的防御网也绝非易事。特别是明朝的名将袁崇焕所统帅的防御军还曾用西洋传教士汤若望制造的西式火炮狙击过后金的努尔哈赤,总之,明朝军队丝毫没有显现出会败在防御战上的迹象。因此可推测,导致明朝亡国的是李自成领导的农民起义。

那么为什么明朝时期会发生大规模的农民起义呢? 其直接的原因就是明朝的皇帝们没有实施正确的国家政策,这一点成了农民起义的导火索。最典型的例子是万历帝,其在晚年因怠政出名,他基本上不临朝听政,也不和大臣们共商国是,而是在宫中和宦官一起决定政务。但是哈佛大学的卜正民教授(Timothy Brook)却主张,导致明朝灭亡的直接原因是"气候变化"。

1586—1588 年间发生了第一次"万历之渊"①，此次灾难造成的危害难以衡量。但是明朝竟然能够顺利渡过难关，这要归功于 1580 年初张居正推行的国家财政的改革。1582 年，张居正去世时明朝国库充盈，正因为有了这样的财力，明朝才可以从容应对暴风雨般袭来的自然灾害。

大约 20 年后的 1615 年，第二次"万历之渊"开始了。在这次危机发生的前两年，中国北部全域开始持续地发生洪水泛滥，两年以后气温又开始急剧下降，变得异常寒冷。1616 年下半年饥荒从中国北部蔓延到长江以南，接着又扑向了广东省。虽然最为恶劣的状况在 1618 年之前结束了，但是在此后，也就是万历时期的最后两年间，干旱和蝗灾从未中断过。

图 2-5 是过去两千年间全球平均气温的变化图，从图中可以看出大约 500 年前全球气温开始下降。这在气候学界被称为"小冰河期"。通过研究和分析树的年轮得出的结论是，明朝末年发生的干旱是 500 年间最为严重的干旱，当时中国北部地区发生旱灾的频率比明朝初期高 76%。

假如当时的明朝皇帝充分地积累应对气象异变的财力，并以此

---

① 卜正民教授在其著作《挣扎的帝国：元与明》（中信出版社，2016）中讲到万历十五年和万历末年发生的两次极端自然灾害，称之为"万历之渊"。——译者注

万历帝

　　为基础增强国力，也许明朝不至于走到灭亡的地步。但是在万历帝执政期间政府铺张浪费，异族侵扰频繁，对战时后勤至关重要的驿站被撤销，所有这些已经决定了战争的胜负了。在这里值得一提的是明末起义军领袖李自成原先就在驿站工作，被裁后参加了起义军。

　　在下一个小节我们将探讨，中国能够成为世界上人口最多的国家，其历史背景是什么。

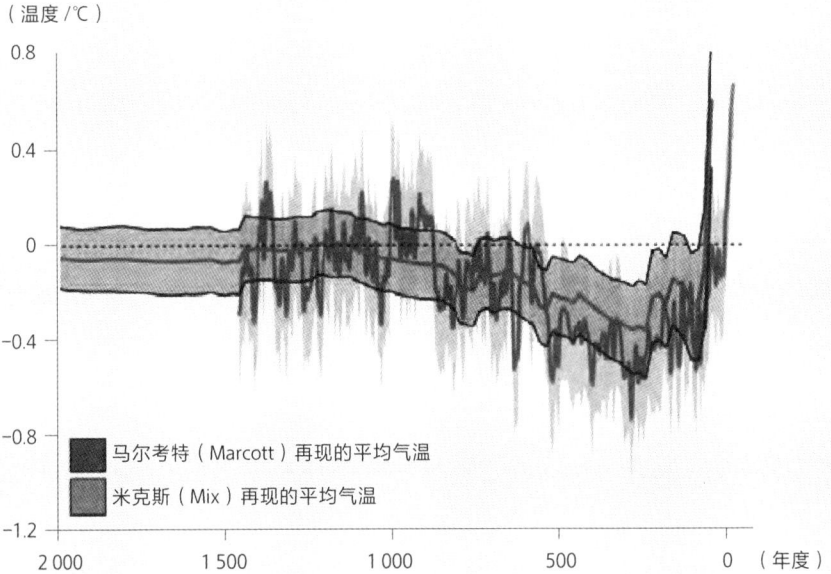

（温度/℃）

图 2-5　自 2 000 年前至今的气候变化（以 1961—1990 年的平均温度
为基准的温差）

参见：Shaun A. Marcott, Jeremy D. Shakun, Peter U. Clark1, Alan C. Mix（2013）.
　　横轴表示的是以现在为起点倒推的年份，例如 500 是指以 1961—1990
年为基准的 500 年前。纵轴表示的是以虚线（1961—1990 年平均气温）为
基准的世界平均温度。从图中可以看出在 1000 年前左右世界平均气温曾有
很大上升，这是所谓的中世纪暖期。此时正是欧洲摆脱黑暗时代，完成了
大规模发展的时期。

为什么清朝的
人口能够突破 4 亿？

    满族人闯过山海关进入中原地区以后洗劫和掠夺了扬州等很多长江下游大城市。江南地区尚且如此，沦为战场的北京周边地区更是"一眼望去，满目疮痍"。农民自己耕作的土地被没收，北京周边诸多州县的荒地，以及明朝皇室曾拥有的土地也被分发给满洲贵族和八旗子弟 [①]，70% 的百姓过着流浪生活。1645 年，满族人强制推行和他们发型一样的发辫引起了汉人的强烈反抗。

    在这里可能会有人产生疑问，和明王朝相比清王朝曾有过康熙帝（1662—1772 年在位）、雍正帝（1723—1735 年在位）等诸多明君，可是为什么在清朝初期会发生那么多的屠杀和野蛮掠夺？这是因为满族人入关的时候是移动型入侵者，而后在康熙帝前后转变为定居型统治者。

    最为典型的移动型入侵者应属初期的蒙古帝国。当时蒙古帝国的一些将军主张"把中国全域的人杀光，放羊"。他们没有在一个地方定居生活的经验，也不懂得如何收税，所以能说出这样的话。

[①]　建立清朝的太祖为了加强中央集权，以便有力地统治以满族为主的对开国有功的汉人、蒙古人、女真人组织的军队，以军旗的颜色编制成八个部队，故称八旗。

从经济增长、国民福祉的角度看，这种移动型入侵者作为统治者是最有害的。

移动型入侵者没有长期计划，他们不管百姓死活，能抢的都抢，能杀的都杀，能破坏的都破坏。定居型统治者的立场就不同了，如果肉体上消灭了被统治对象，定居型统治者就会饿死；反之，如果被统治对象变得富有，那么能获取的东西也会变得更多。因此，定居型统治者往往努力在自己管辖的地域创造一种人人努力工作，还可以搞投资活动，甚至能够开发新技术的宏观环境。

从这个角度可以认为，在康熙帝镇压三藩之乱后，掌控中国全域的清朝政府转变成了定居型统治者。1679 年清朝恢复科举制度，把在乡村居于支配地位的乡绅阶层纳入了统治结构之中，并且循序渐进地对税收制度进行改革。特别是在 1713 年，康熙帝宣布了"盛世滋生人丁，永不加赋"的政策，意思是现在是太平盛世，以后出生的孩子不再收"丁税"（人头税）。此政策也可以理解为即使以后人口增长了，政府也永远不课人头税。但是在经济规模扩大、财政支出增加的情况下，如果政府减少了税源，从长远角度看，财政状况肯定会恶化。因此康熙帝的继承者雍正皇帝推出了"地丁银"制度，即把人头税和土地税合而为一加以征收。这个措施具有很强的改革性质，引起了拥有大面积土地的乡绅阶层的强烈反对，可此时的清政府已经统治中国全域近 70 年了，而且还拥有强有力的武装能力，所以这点反对的呼声政府已经可以完全无视了。

但是康熙帝和雍正帝的税收改革开始产生了预想不到的影响。

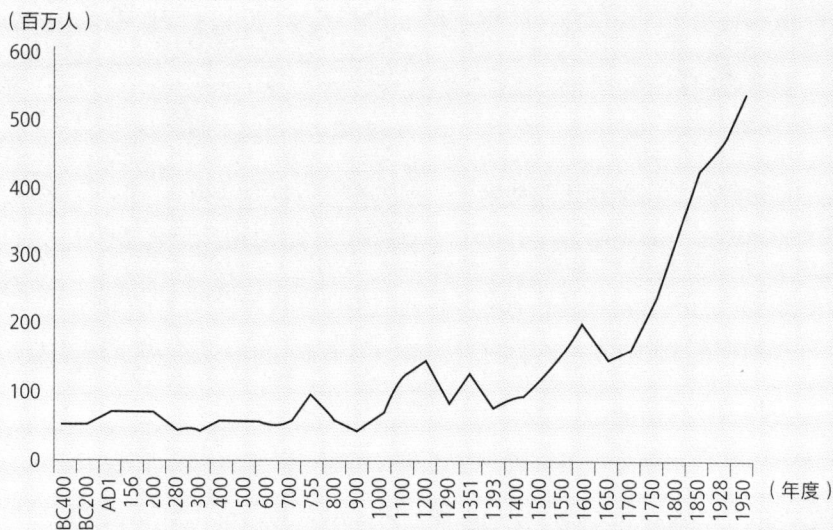

（百万人）

图 2-6　公元前 400—公元 1950 年中国人口数量变化情况

参见：Dudley L. Poston Jr. and David Yaukey（2013）.

　　图中横坐标表示的是时间，纵坐标表示的是人口数量。中国也曾陷入马尔萨斯陷阱，所以人口数量长久滞留在 1 亿内。到了经济持续发展的北宋时期人口数量曾突破 1 亿，但因蒙古人的侵略，人口急速减少近一半。直到明朝后期，中国人口数量最终突破了 1 亿并开始持续增长。

图 2-6 展示了公元前 400 年到公元 1950 年间，中国人口数量的变化情况。从图中可以看出，中国人口数量在明朝末年大概是 1.5 亿到 2 亿，1700 年开始暴涨，到了 1800 年，这个数字已经达到 3 亿或 3 亿以上了。

人口突然增加最直接的因素，是能够纳入统计数据里的人头数量增加了，因为百姓为了避税会尽量少申报子女人数，而"人头税"被废止之后就没有这个必要了。除了曾经隐匿的人口开始公开登记户籍，还有死亡率的下降也成了人口增加的原因。花生、玉米和土豆等新农作物的普及使得百姓在气候条件不如意的年份也能果腹避免饥饿，这一点为降低死亡率作出了决定性的贡献。

当然，人口增加在初期是好事。1600 年前后的内乱和战争使人口骤减，边疆地区遍地都是没有主人的土地，所以养育增加的人口没有问题。加上像花生、土豆等农作物在干燥、寒冷的地域也完全能够生长，所以像四川、台湾等人口稀少的地方也开始有人迁移过去居住。但是向边境的迁徙和新土地的开垦逐渐引发了新的问题。

最大的问题是地表的荒漠化。开垦山林地带，建造梯田耕种农作物，无疑是可以增加农业的产量，但是在这过程中大批森林被毁坏，还有土地表层大量流失，这造成了非常严重的后果。

森林如果遭到破坏，应对气候变化的能力会降低，也有可能引发洪水和干旱。清朝政府也认识到了这一点，所以严格地控制了土地开垦，但是却无法控制人们对土地的渴望。

人口的急剧增加产生的另外一个问题是工资的下降。因为人口

恢复科举制度、改革税收制度、造就清朝太平盛世的康熙帝

众多，所以只要给够吃饭的钱就愿意干活的人变得多了起来，于是工资自然而然地就下降了。这是人口增长带来的阻挠工业革命发生的逆向效果。关于这个问题我们将在第三章进行详细分析。

给我们的启示

———◆———

货币供应减少时
经济会疲软

第一章的西班牙和第二章的中国留给我们的最重要的启示是，当货币供应减少的时候会出现严重的危机。我们将在第四章集中、详细地研究这个现象。其实，1929 年发生的经济大萧条也很生动地向我们展示了货币供应减少的时候会产生怎样的经济效应。

图 2-7 展示的是 1929 年前后的美国，其失业率和银行储蓄金额的关系。从图中可以看出，虽然股价暴跌引发了经济危机，但是失业率真正开始上升是 1930 年初，货币供应减少导致银行储蓄金额直线下降。

在这里我们来看一下货币供给的本质。以黄金为首的贵金属进入市场的时候，货币供应量会增加，这是理所当然的事情，但贵金属最终都会流入银行。因为持有黄金有被盗的危险，且不带来利息，所以收到黄金的经济主体（商家、企业、政府等）会把贵金属存放到银行。

贵金属从被存放到银行的瞬间，就开始具有货币的生命力了。银行会把存款的一部分作为存款准备金再存到中央银行，把另一部分放贷给需要资金的人并收取利息。这些资金会流入市场，被用于

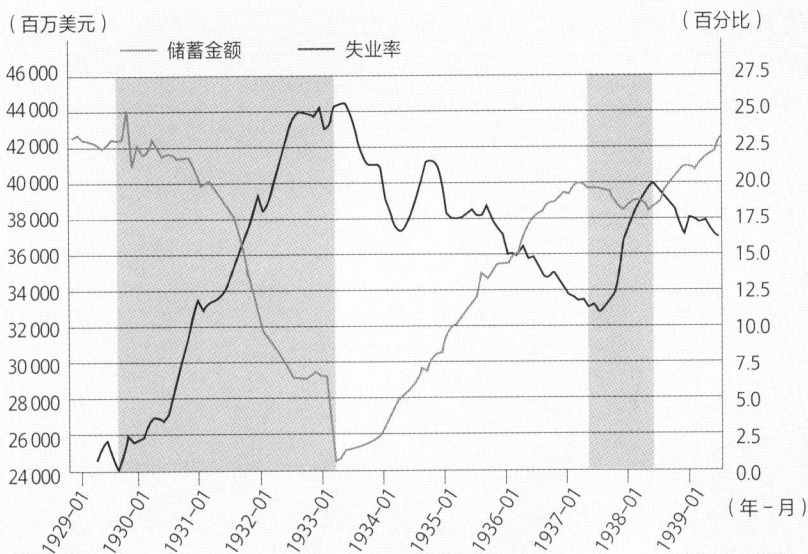

（百万美元）   （百分比）

—— 储蓄金额   —— 失业率

圈 图 2-7　1929 年前后的美国银行储蓄金额和失业率

数据来源：美国圣路易斯联邦储备银行（ http://fred.stlouisfed.org/graph/?g= MC2 ）

注：阴影部分为美国国家经济研究局（NBER）判定的经济疲软时期

这张图最能显示货币供给对经济形势的重要作用。货币供给主要靠两个途径，一个是通过政府的货币供给，另一个是通过银行等金融机构的"储蓄—贷款"。1929 年的经济大萧条是在中央银行抑制货币供给的大环境下发生的，银行发生了危机，连"储蓄—贷款"的途径也封闭了，悲剧就由此开始了。

购买房屋和各种设备，由此经济得到增长，雇佣市场也得以扩大。

但是，暂且不管是由于何种原因，如果银行的储蓄金额急剧下降的话会出现什么样的情况？银行不得不回收放给企业或者商家的贷款，而没有能力偿还贷款的企业或商家就得接二连三地破产。企业和商家的破产会令银行加紧对贷款的回收，形成恶性循环，其结局是诱发整体经济的不景气和大规模、大范围的失业。

也就是说，如果某一个国家因大规模贸易赤字导致了货币供给的减少，由此人们涌向银行取出货币，那么这个国家会陷入严重的经济萧条状态。请不要忘记，2008 年的全球金融危机之所以能带来那么大的冲击，就是因为叫作"雷曼兄弟银行"的投资银行的破产引发的大规模的银行挤兑事件。

The History Of Money

第三章

马尔萨斯不能
理解的新世界

给我们的启示

◆ 投资生产效率快速增长的、
实行改革的国家

为什么在清朝，
中国没有发生工业革命？

　　在工业革命发生以前，一个国家的国力取决于这个国家的人口数量。法国作为"千年老二"能够不停地向"老大"（西班牙、荷兰、英国等）挑战正是因为它有数量庞大的人口。这种情况在东亚也是一样，中国正是依靠众多的人口而主导了各种改革、创新。众所周知，在市场大的地方会出现各种革新，因此拥有大市场的国家就会具有竞争优势。中国的四大发明（火药、造纸术、印刷术、指南针）也佐证了这一点。

　　那么为什么工业革命没有发生在中国，而发生在遥远的英国？在这里我们简短地谈一谈工业革命。简而言之，所谓工业革命是指人均所得持续增长的现象，就是所谓"近代化"了的持续成长的现象。根据人口数量和人均所得的统计，英国英格兰地区的人均所得和人口数量在 1600 年之前是呈反比的，也就是说，人口数量的增加会导致人均所得的减少，反之，人口数量的减少会增加人均收入。这就是当时的现实状况。这样只有人口减少，人均所得才能增加的现象叫作"马尔萨斯陷阱"。

　　所谓"马尔萨斯陷阱"的理论创立于技术进步非常缓慢的时代。当然，相比于古代希腊和罗马文艺复兴时期，当时的技术确实是进

（英格兰人口，百万名）

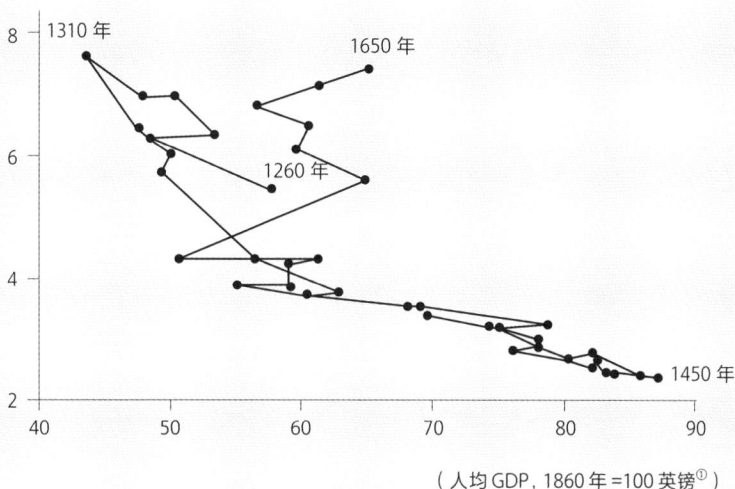

图 3-1　1260 年至 1650 年英格兰人均所得和人口数量的关系

参见：Gregory Clark （2003）.

　　图中显示的是 1260 年至 1650 年英格兰地区的人均所得和人口数量的关系。横坐标表示的是以 1860 年为基准（=100 英镑）的人均所得，纵坐标表示的是英格兰地区的人口数量。从这张图中可以看出，在 1300 年前后，也就是所谓的中世纪暖期，英格兰人口数量增长到 600 万，但是人均所得不及 1860 年的一半。可是，在 1450 年，当黑死病泛滥导致英国人口减少到 200 万的时候，人均所得却上升到 1860 年的 90% 的水准。

① 此处原书未标货币单位，据查，当时的货币单位应为英镑。——译者注

步了，但是当时的人们却难以感觉到世界正在变好。从 1260 年到
1650 年英格兰的人均所得的年增长率为 0.6%，这种程度的涨幅，
当时的经济主体是无法感觉到的。总之，1800 年前后在英格兰发生
工业革命之前人均所得取决于人口数量。1310 年，当英格兰地区
人口数量涨到 577 万的时候是英格兰人均所得最少的一年（如果说
1860 年英格兰地区的人均所得为 100 英镑的话，1310 年的人均所
得是 43 英镑）。1450 年黑死病横行，英格兰地区的人口数量减少
到 228 万，这一年该地区的人均所得达到了 87 英镑，是 1310 年的
近两倍。当时的世界就是这样，如果爆发战争或者疾病蔓延导致人
口数量减少，人均所得就会增加；反之，在人口数量增加的和平年
代人均所得就会减少。

可是到了 1600 年前后英格兰出现了要起变化的征兆。在撵走
查理一世，建立共和，之后又复辟帝制的混乱当中，英格兰地区的
人均所得却在持续地增长。到了 1800 年以后"人口数量和人均所
得呈正相关"的现象开始常态化。为什么在英格兰会发生这种事情？

有人认为这只是英格兰人运气好。因为英国有发起工业革命的
有利条件，它有丰富的资源，甚至被评为"坐在煤炭上的国家"，
还有大西洋相比太平洋还是小，这有利于英国与美洲大陆进行海上
贸易。但也有人认为是制度的原因。光荣革命以后英国政府禁止王
室恣意课税和掠夺财产，这样的社会大环境激发了改革创新。我个
人更同意后者。建立一个财产权能得到保护的、具有合理制度的国
家，才是促进发展的重中之重。

（英格兰人口，百万名）

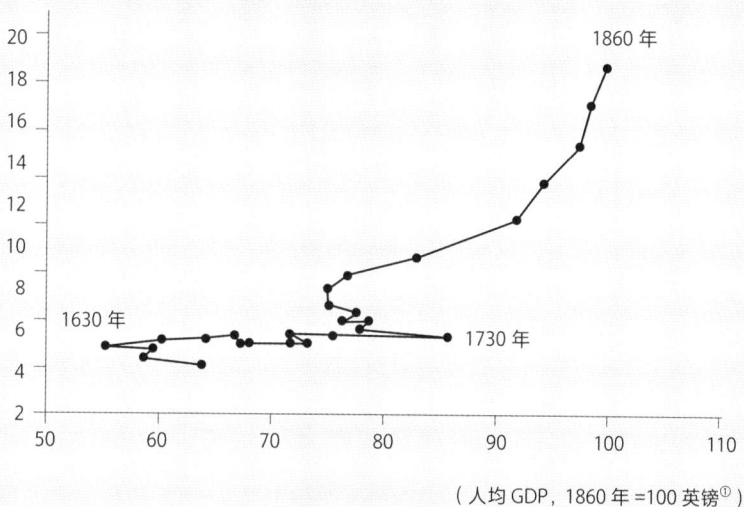

図 3-2　1600—1860 年英格兰人均所得和人口数量的关系

出处：Gregory Clark（2003）．

　　图中展示的是 1600—1860 年的英格兰人均所得和人口数量，从图中可以看出，1860 年，当英格兰的人口从 400 万增长到 1800 万的时候，人均所得并没有减少。这种现象的出现是因为农业革命带来的大丰收和北美殖民地的成功开拓缓和了人口压力[2]。18 世纪下半叶工业革命的开展也是重要原因之一。

---

① 此处原书未标货币单位，据查，当时的货币单位应为英镑。——译者注

② 在一定的区域内因人口过于集中，生存空间变狭小，生活水准下降而产生的压迫感。

但是后者的理由还不足以让人完全信服，因为荷兰远早于英国成立了股份公司和中央银行。不仅是荷兰，日本中部的关东地区也形成了较高水准的金融制度。德川幕府（德川家康在 1603 年建立的武家政权）成立的时代，统治各个地方的领主们都拥有数量庞大的家臣以备战事。但是德川幕府成立之后，长时间的和平岁月使得大部分领主承受着巨大的财政压力。不仅是地方的领主们，连德川幕府直辖的家臣旗本们事实上也大都已经破产，当时靠着商人的家庭财务管理勉强度日的旗本比比皆是。要参考的情况是，当时德川幕府率领的直属武士超过 8 万，他们是摧毁丰臣家族维持了 200 多年政权的最重要的武器。为了防止这重要的武装力量沦为虚设，幕府提供了各方面支援，可还是不能从根本上解决旗本们的财政危机。

在这种情况下旗本们唯一的解决方法就是跟商人借钱。这时候日本商人们开始发展各种各样的金融服务。例如，他们以领主或旗本对他们自己领地所拥有的年贡征收权为担保给他们贷款，一旦还贷出现问题，他们就替领主征收年贡，以抵扣余额。

当然，和光荣革命之后的英国相比，这样的机制还不能说很完美地保护了财产权，但是即使是旗本的特权身份，如果不能还清债务，也会失去最重要的权利，这本身不能不说是在财产权方面的相当大的进步。那么为什么在日本没能发生工业革命？在下一个小节我们将仔细探讨这个问题。

建立德川幕府的德川家康

工业革命
和"勤勉革命"

在德川幕府时期，日本曾出现了相当发达的、影响深远的工商业，可终究还是没有发生工业革命，到底是什么原因呢？

这其中当然有很多原因，但是最为关键的、有说服力的原因之一就是"人口过剩"。随着战国时代的结束，日本迎来了人口的大爆发，到了1800年日本和中国一样进入了人口过剩时代。人口压力一大，就很容易雇佣到只需最低生存费用的劳动力。这对于需要手工操作的工业或者农业的发展当然是好事情，但是对于劳动生产率的提高和技术的发展，也就是工业化的发展来说就成了不利的因素。

而英国的情况就不一样了。为什么以詹姆斯·瓦特为首的英国的发明家们倾注了那么多的时间和金钱来进行研发？在这里需要补充的是，19世纪初期日本和中国的情况相当相似。中国在人口数量猛增的同时劳动生产率却在倒退。中国的历史学家们研究了当时长江下游的市场经济发达地区，发现"单位土地面积上投入的劳动力的增加"导致了人均生产量的下降。

这一现象在经济学上被称为"边际效益递减"。例如，种一亩地的庄稼，两个人干活比一个人干活时收获多，但是如果两个人变成三个人，三个人变成五个人的话，生产效率就会急剧下降。在农

工业革命开始的标志——蒸汽机

业生产中，如果没有投入带有超级效果的种子或化肥，都会出现明显的"边际效益递减"的现象，所以在农业生产中投入了超过适当数量劳动力的社会，其生产效率就会减少，人均所得也会随之减少。

所以，近代化的发展，就是通过提高生产效率来主导整体经济的成长过程，为实现生产效率的提高就必须培育制造业。制造业的"收获递增"现象不同于农业生产的"收获递增"现象。最为典型的例子是 20 世纪初美国的福特汽车公司生产的，具有革命意义的 T 型车。

1908 年 T 型车刚刚投入市场的时候，年产量不过 1 万辆，销售价格是 825 美元，换算成 2017 年的物价是 2.25 万美元。那个时候福特生产的 T 型车外观粗糙，价格昂贵，所以没有什么人气。但是随着福特在 1910 年成立的海兰公园工厂引入了具有革命意义的工程技术——流水线作业，情况就发生了变化。

当然，流水线作业不是福特的发明。福特在访问了芝加哥屠宰工厂之后产生了流水线作业的相关灵感。当时屠宰工厂的屠宰程序是，先用铁钩把家畜挂起来，使之移动，然后有数十名工人上前，每人只卸下自己负责的那个部位。但是汽车太过笨重不便挂起来，福特就把程序改成将汽车放在巨大的输送带上。结果，生产效率从 1909 年的年产 1 万辆猛增至 1918 年的年产 66.4 万辆，而到了 1922 年，其已达到 130 万辆。

劳动力的投入相同，产量却急速增长，即"学习曲线"出现了。工人熟悉自己的工作，可以省略没有必要的技术环节，同时也解决了生产流程中的问题，在整个过程中人均生产量逐渐得到了提高。工人人均生产量的持续增加降低了生产一辆汽车所需的成本，而且流水线的作业还降低了废品率。结果，福特 T 型车的价格从 1909 年的 825 美元降到 1914 年的 440 美元，而到了 1922 年则降至 319 美元，如果按 2017 年的物价来换算的话，只需 4 662 美元而已。在短短的 13 年间，福特 T 型车价格直降 60%，再也没有理由不买汽车了。

在这里为避免误解需要补充的是，1800 年前后的日本德川幕府也好，同时期的中国长江下游地区也好，并不是停滞不前，没有发

福特公司生产的崭新的样车（1910 年）

1913 年的福特汽车生产线

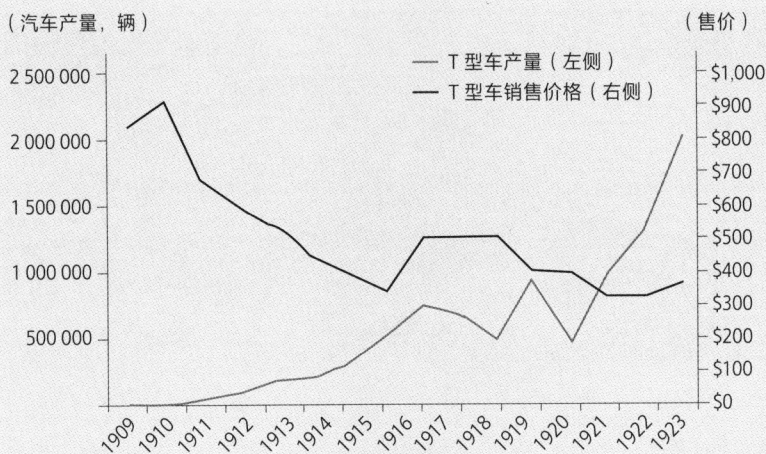

（汽车产量，辆）   （售价）

2 500 000   —— T 型车产量（左侧） $1,000
                             —— T 型车销售价格（右侧） $900
                                                              $800
2 000 000 $700
                                                              $600
1 500 000 $500
                                                              $400
1 000 000 $300
                                                              $200
  500 000 $100
                                                              $0

1909 1910 1911 1912 1913 1914 1915 1916 1917 1918 1919 1920 1921 1922 1923

图 3-3　福特 T 型车产量和销售价格演变

数据来源：维基

　　图中横坐标表示的是时间，左侧纵坐标代表 T 型车产量，右侧纵坐标代表销售价格。观察此图可以发现 T 型车产量暴增的同时价格也在持续下降。所谓"规模经济"的出现引发了产量的增加、成本费用的减少和价格的下降。1917 年前后产量增速减缓是因为随着第一次世界大战的爆发，福特公司开始生产军需品。

展的。当时日本有人培育出了新品种菊花和喇叭花，而中国则开始利用剩余劳动力栽培棉花，经济在整体层面开启了"分工"操作，也开始出现满足人们的各种需求的新产品，之前各个农户单独生产的棉布也开始由专业农户专门生产，这些当然是毫无疑问的进步。

不过，这些进步还不能被称为工业革命，更适合被称为"勤勉革命"，这是由两个革命之间的性质差异所决定的。如果说工业革命是减少人的劳动，提高对机器的依赖度的话，那么"勤勉革命"则是最大限度地利用廉价劳动力以实现经济的增长。19世纪的日本是这方面的典型例子。在1660年和1810年，以名古屋为中心的浓尾平原地区的家畜数量分别为17 825头和8 104头，也就是说整整减少了54%。这说明在17世纪60年代人们使用牛马进行耕种，而到了1810年农民几乎不使用家畜耕种了。人口数量增加，劳动力变得廉价，所以农民用人力替代家畜从事农耕生产了。也就是说，当时的社会是通过长时间高强度的劳动来增加社会总生产量。

在这里肯定有不少读者会产生疑问，为什么英国没有出现人口过剩的现象，而且能够保持长久的经济增长呢？我们将在下一个小节解答这个疑问。

英国为什么能够
避免"人口爆发"？

　　如果说日本和中国出现了人口过剩的状况，所以没有必要非要制造价格昂贵的机器来替代人力的话，那么英国的状况则截然相反。从图3-4中不难看出，1800年，在发生工业革命前后，各个国家之间的劳动者工资已经有了很大的差异。在英国伦敦，劳动者一天的工资超过17克银币，而在印度的德里和中国的北京，劳动者一天的工资都不到3克银币。

　　因为和其他地区相比人工费相当高，所以对英国来说，发明减少劳动力投入的机器非常迫切，是重中之重。但是英国发明的机器很难在其他欧洲国家或者亚洲国家普及。1870年阿克莱特在英国建成采用最新技术的纺织工厂之后，其投资收益率竟达到40%，可是阿克莱特的新技术在法国的投资收益率却只有9%，而在印度的工厂，其投资收益率还不到1%。当时除了英国大部分国家都有"高利贷"的负担，如果投资收益率不高的话，大家当然都不愿意投资了。实际上，在法国大革命（1789—1794）之前，英国工厂里配备的机器仅珍妮纺纱机就有2万个，法国有900个，而印度则一个也没有。

　　那么伦敦工人工资高的原因是什么？很显然，那是因为英国不同于日本或中国，不存在人口压力。那么英国或荷兰为什么没有人

（克）

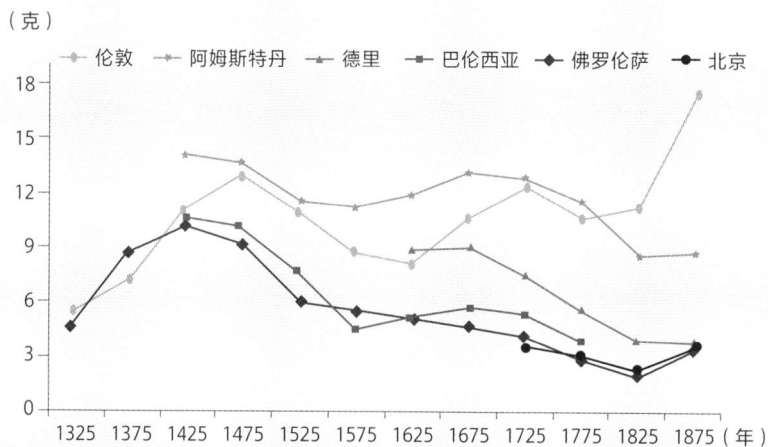

图 3-4　1325—1875 年世界主要城市工人的日薪（银币）

出处：Robert C. Allen（2006）.

　　此图显示的是世界主要城市工人的日薪。伦敦最为显眼。伦敦和阿姆斯特丹的工人日薪一直保持在最高水准，到了 1825 年前后伦敦的工人日薪一跃而上。反观图中德里和北京等亚洲城市工人的日薪，却在显现持续下降的态势。

口压力？最为有力的假设是欧洲人结婚较晚，加之宗教等因素，很大数量的人干脆不结婚，而东亚的情况就不相同。但是最近的多项研究表明，当时西欧和东亚女性的初婚年龄和生育率没有什么太大差异。例如 1790 年前后，比利时和英国女性的初婚年龄分别为 24.9 岁和 25.2 岁，她们的生育率分别为 6.2‰ 和 4.9‰，而中国和日本女性的生育率分别为 5.0‰ 和 5.2‰。

那么为什么欧洲的人口压力比东亚低？直接的原因是欧洲的主要农作物小麦和东方的主要农作物大米相比产量极低。小麦和黑麦的种植会降低地力，只能降低产量，但水稻可以在同一块田地种植几十年，而且可以一年种植 2—3 次。欧洲大部分地域的播种量和收获量之比为 1：4，也就是说，收获了 4 粒，得留下 1 粒作为来年的种子，实际可以用来做面包的只有 3 粒。如果遇到灾年，比例降到 1：3 以下，就会发生饥荒；如果 1：2 的比例持续两三年，就会出现饿死人的现象。因此相较于亚洲，欧洲从根本上发生人口过剩的可能性较小。

但是到了 18 世纪，荷兰的农民开始在休耕地中栽培苜蓿、芜菁等饲料作物，这是一个能够使地力得以恢复，也能够大幅增加家畜数量的方法。这种方法很快传到英国，并被英国人进一步发展，为所谓"约克郡农法"的形成奠定了基础。直到 15 世纪为止，每粒种子只能勉强收获 3—4 粒小麦，可到了 18 世纪，每粒种子有望收获的小麦达到了 10 粒以上。当然，这样的农业革命会增加人口过剩发生的可能性。实际上，18 世纪的英格兰人口得到了持续的增长。

A．1200—1249 年以前谷物收获比例在 1∶3 到 1∶3.7 之间	
1. 英国 1200—1249 年	3.7
2. 法国 1200 年以前	3
B．1200—1820 年谷物收获比例在 1∶4 到 1∶4.7 之间	
1. 英国 1250—1499 年	4.7
2. 法国 1300—1499 年	4.3
3. 德国、斯堪的纳维亚国家 1500—1699 年	4.2
4. 东欧 1500—1820 年	4.1
C．1500—1820 年谷物收获比例在 1∶6.8 到 1∶7.1 之间	
1. 英国、荷兰 1500—1700 年	7
2. 法国、西班牙、意大利 1500—1820 年	6.3
3. 德国、斯堪的纳维亚国家 1700—1820 年	6.4
D．1750—1820 年谷物收获比例在 1∶10 以上	
英国、爱尔兰、荷兰 1750—1820 年	10.6

表 3-1　欧洲谷物的产量

参见：주경철 등（2011）

那么为什么英国伦敦能够维持工人的高工资呢？这是因为很多欧洲人，特别是英格兰人和爱尔兰人大举移民到新大陆的缘故。让我们回顾一下 16 世纪西班牙人开拓新大陆的时期。当时为了经营殖民地，本土的年轻人纷纷涌向新大陆，导致西班牙经济出现了严重的通货膨胀。而 18 世纪的英国情况却恰恰相反。作为欧洲国家中几乎唯一拥有充沛农产品的国家，英国可以毫无顾忌地把农村的剩余人力派送到海外，也可以向海军持续地输送兵员，还得以形成包括北大西洋区域在内的、庞大的商贸网络，赚了大把的钱。同时，英国能够从北美殖民地稳定地进口所需的木材，为其建成一支强大的海军提供了有利条件。

可以说，正是得益于从 17 世纪开始实行的金融市场改革，英国才能够以低利率筹措大量资金，进而大力建设海军，维护物流网络，成功抵御外敌，守护国土，为工业革命奠定了坚实的基础。反观荷兰，因地处大陆而不停地被迫卷入欧洲大小战事，在 18 世纪末还曾被拿破仑占领过，已经失去了能够推进工业革命的力量。

当然这些还不足以完美地解释这一问题。还需要指出的是，英国有着优待像牛顿这样的科学家的传统，还有为躲避战祸进入英国的大批知识分子和大量的资金。下一小节我们来看看，英国工业革命是如何推进的，以及它怎样打败了曾经作为世界最大强国的中国。

"毒品输出王国"
英国

　　一直到 18 世纪初英国和中国都是名副其实的世界两大强国，我们现在分析一下这两个强国的情况。中国依靠种植水稻养育着庞大的 4 亿人口，人均收入可能比西方低，可是庞大的人口资源使其拥有巨大的市场和强大的军队。英国的人口没有中国多，但人均生产率很高，海军特别强大。虽然向遥远的中国派军有一定的困难，但是在印度和新加坡等前往中国的中转站准备好充足的粮食和补给物品的话，就有可能威胁到中国。

　　但是如果冷静地进行比较，在经济实力和军事力量方面，英国是不及中国的。所以英国希望尽量和中国保持和平的关系并与之进行贸易。但对清政府来说没有理由一定要满足英国的请求。1685 年，康熙帝把海上贸易合法化之后，在主要的沿岸港口设置了海关。入关的船舶需在海关登记，并需要在销售商品之前缴纳关税。在康熙末年，进入中国的外国商人太多了，只和外商做交易的中国商行仅在广州一个地方就达到 40 个。到了乾隆年间（1736—1795），清政府宣布可与西洋人交易的港口只有广州。特别是到了 1760 年，清政府还详细规定了外国人在中国的访问期限、居住地点，以及可开展贸易的对象。

这样的规定让英国逐渐感到不满。最重要的原因是，英国人特别喜欢中国产的茶叶，可是中国人却对英国的产品没什么特别的兴趣，对英国来说，这导致了白银的持续外流。到了 1792 年，英国国王乔治三世派遣乔治·马嘎尔尼伯爵作为特使来到中国，请求清政府让他们不仅能在广州，还能在浙江的舟山等地进行贸易活动。乔治三世自称是"大海之王"，还炫耀自己拥有的强大武力，而对于这些，正处在清朝鼎盛期的乾隆是不屑一顾的，于是他讲了下面一段有名的话。

在广州进行贸易活动的不只是英国人。我们的帝国物产极为丰富，即使没有别的国家的商品也能生活得很好。中国盛产茶、优质的瓷器、丝绸，还有很多其他的产品。你的国家和欧洲其他国家对这些东西需求量很大。朕基于宽容善待之心，才指示在广州建筑官方仓库，让你们存储这些商品。

当然，乾隆帝说得没有错。但是英国的立场则不同，他们连对策都准备好了。在印度栽培的鸦片就是他们的对策。在中国，鸦片的使用已有不短的时间了。1405 年，宦官郑和统率约 27 870 名船员，

1792 年奉乔治三世之命出使中国的乔治 · 马嘎尔尼伯爵

乘坐 63 艘宝船离开南京，驶向印度洋。非洲和印度的很多国家为
感谢中国宝船带来的丰富商品献上了一种东西——鸦片作为回礼。
当时鸦片还有另一种称号叫作"媚药"，传有"壮阳补气"的妙用。

明朝的皇帝皆为鸦片成瘾者。万历帝在生前建筑了宏伟寝陵，
死后就安葬在那里。1997 年，有考古学家指出万历帝的遗骨里含有
大量的吗啡，如果只是偶尔服用了鸦片，是不会出现这种结果的，
他一定是鸦片成瘾者。皇帝尚且如此，那些藩王、大臣、宦官也定
会效仿。

这种说法还是有一定可信度的。要知道在明朝鸦片是非常昂贵
的商品，它还没有蔓延到民间。但是在清朝康熙帝收复台湾以后，
鸦片便以南部地区为中心开始迅速扩散开来。

特别是英属殖民地印度生产的巴特纳（Patna）鸦片，1818 年开
始大规模销售，是毒性非常强的鸦片品牌。在此后的 150 年间，其
销量之大让巴特纳几乎成了鸦片的代名词。1839 年，中国鸦片的进
口量足够 1 000 万成瘾者吸食。到了 20 世纪初，中国的鸦片成瘾者
已达 4 000 万。在此过程中，大量的白银输出到国外。根据一些历
史学家的保守估计，1801—1826 年间中国外流的白银折合为 7 470
万美元，而 1827—1849 年间则达到了 1 亿 3 370 万美元。

这样的贸易当然给英国，特别是英国东印度公司带来了巨大的
利润。自巴特纳鸦片大量销入中国开始，鸦片成了当时世界上销售

乾隆帝接见马嘎尔尼率领的英国使节团

规模最大的单一品种产品，其带来的销售收入达到了英属印度总收入的1/7。随着白银大量流出，中国国内的银的价值开始急剧上升。1758年，一两银子可以兑换730枚铜钱，到了1846年，一两银子可以兑换1 800枚铜钱了。

在鸦片战争之前，清政府之所以极力控制英国人来中国贩卖鸦片，也正是基于这样的经济背景。在第二章我们讲过，如果发生通货紧缩，经济会出现严重的萧条现象。由于通货紧缩增加了实质性

（箱）

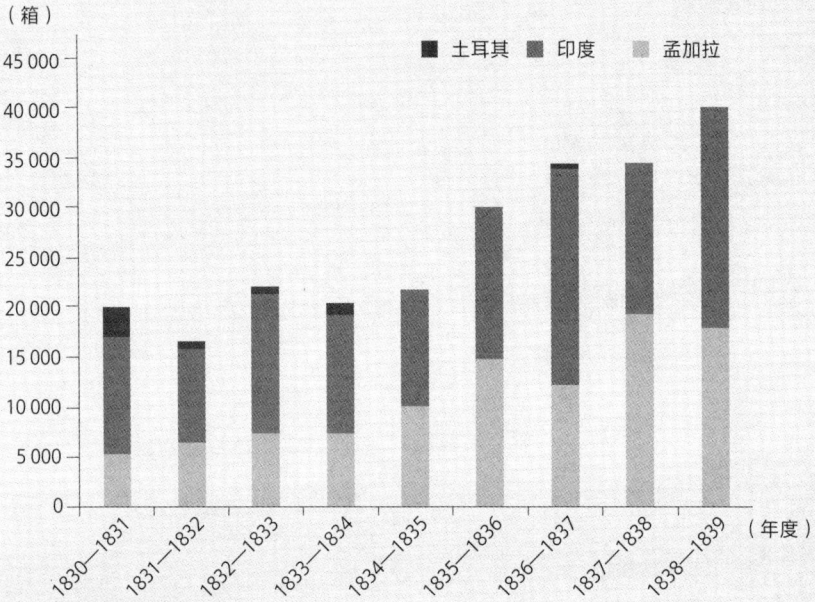

图 3-5　1830—1839 年间流入中国的鸦片规模

参见：정양원（2009）
　　图为鸦片战争前夕流入中国的鸦片数量，可以看出 1830 年以后印度产的鸦片占的比例最大，这是因为 1818 年巴特纳鸦片开始大规模销售。

的债务负担，加上本地金融机构破产，致使中国以江南地区为中心到处都发生了银根紧缩、信贷不畅的情况。而清政府的核心统治阶层也被鸦片侵蚀这一事实的败露，也成了促使政府狠下禁烟决断的原因之一。

　　但是在当时，清政府内部也并非只有坚决控制鸦片贸易这一种主张。也有人认为，如果严禁鸦片贸易，会出现黑市交易，这会促使鸦片价格上升，会有更多白银流出国外，这样只会养肥外国商人和黑市组织，这绝对是大家不想看到的负面效果。如果允许鸦片买卖，并加以课税，那么作为商品，鸦片的价格会下降，黑市组织也会自行消失。但是，如果施行这个方案的话，鸦片成瘾者的数量会在短期内增加的可能性极高，可是却没有有效的戒毒方法。结果，鸦片合法化的意见被否决，清政府采纳了全方位严禁鸦片的主张。尽管如此，此时曾经强健的满洲八旗子弟也大都被鸦片侵蚀，已无法驰骋疆场了。

　　当时的英国人自己也知道，他们干的勾当不异于恶魔行径。英国教会的领袖们曾说"没有比这个更有损英国形象的事情了"。有一位匿名牧师直接称之为"国家犯罪"。但是政治家和企业家们的立场却截然相反。他们对清政府严控鸦片进口表示愤怒，要求清政府进行赔偿。

　　鸦片战争以后英国政治家和企业家们的目的达到了。19世纪

宣布禁烟命令的林则徐。鸦片进口量的激增引发了严重的后果，清道光皇帝命林则徐封锁外国商馆，没收并烧毁鸦片，这是鸦片战争的导火索

初英国赢得了与拿破仑的战争，这次又通过鸦片销售解决了和中国的贸易逆差。由此，英国拥有了促进工业革命的资本力量。下一小节我们一起来看看能够强有力地牵制英国的国家——美国的南北战争。

美国南方为何
如此强烈地反对废除奴隶制？

　　从已经知道美国南北战争成败的现代人的视角来看，南部同盟竟然会为坚持奴隶制而宣布独立，实在令人费解。因为大家会认为，相比奴役奴隶进行强制性劳动，雇佣一日制劳动者显然更划算。但是根据最近历史学界的研究，南部奴隶制制度下的农场曾具有很高的生产效率，换言之，使用奴隶干活比雇佣劳动力干活更为经济，更为划算。为什么会出现这种情况，让我们仔细研究一下。

　　美国的经济学家福格尔（Robert Fogel）和恩格尔曼（Stanley Engerman）比较了 1860 年临近南北战争时美国各地区的生产效率。结果发现，奴隶数量占绝对优势的南部的生产效率比北部高出 35%。尤其是一个奴隶也没有的所谓"自由民农场"，其生产效率和北部农场相差无几，可是雇佣 16—50 名左右奴隶的所谓"中等规模的奴隶农场"，其生产效率比北部竟高出 58%。如果只看这一数据，那么那些拥有奴隶的南部农场主的立场就完全可以理解了，他们认为以林肯为首的共和党政府出台的政策会损害自己的利益，因而强烈抵制，并不惜起兵打仗。

　　为什么相比北方，南方的奴隶农场生产效率会更高？当然，南方的气候条件更有利于耕种或许是最大的原因，但此外还有两个原

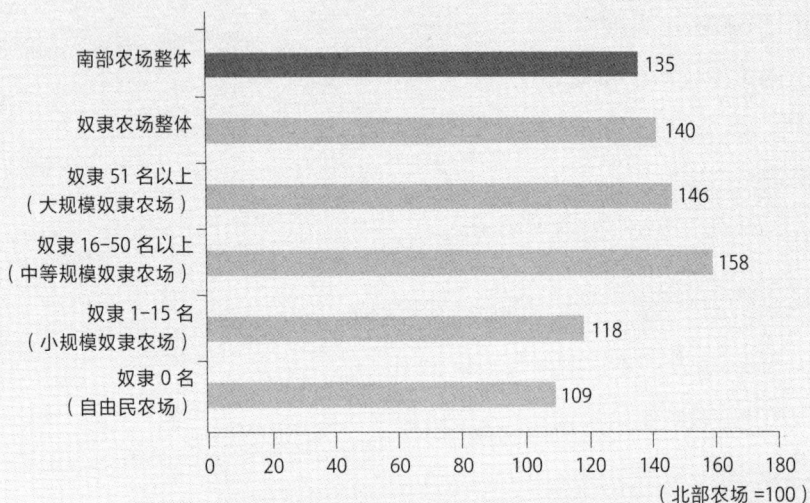

南部农场整体 135
奴隶农场整体 140
奴隶 51 名以上
（大规模奴隶农场） 146
奴隶 16-50 名以上
（中等规模奴隶农场） 158
奴隶 1-15 名
（小规模奴隶农场） 118
奴隶 0 名
（自由民农场） 109

0　20　40　60　80　100　120　140　160　180

（北部农场 =100）

图 3-6　1860 年美国南部农场的生产效率

参见：오카자키 데쓰지（2017）

　　以北部农场为基准（=100）测定的南北战争之前南部奴隶农场的生产
效率。生产效率最高的是雇佣 16-50 名奴隶的中等规模的奴隶农场，奴隶
农场整体的生产效率比北部农场平均高出 40%。

因：一是南部农场主能够很有效率地分配奴隶；二是每个奴隶的生产效率比较高。

南部的奴隶农场主们为了充分利用奴隶选择了相对合适的农作物。他们大部分选了农忙期相互不重叠的农作物棉花和玉米。玉米具有播种期比棉花早、收获期可以从容选择的优点。不仅如此，他们还准确地掌握每一个奴隶的能力，进行劳动分配。例如，价格贵的 20—30 岁的男性奴隶，会安排他们从事使用铁锹的劳动，而少年奴隶和成年女性奴隶则安排他们从事使用镐头的劳动。

奴隶主们不仅给每个奴隶安排合适的劳动，还把他们很合理地编成劳动组合，例如把一个从事播种作业的奴隶和一个从事除草作业的奴隶编成一个劳动组合。这种按劳动组合进行的活计安排，促使劳动组合之间产生竞争。在竞争中落后的劳动组合在餐饮和休息方面的待遇当然会受到影响，并且还可能遭受残酷的体罚。福格尔和恩格尔曼从美国南部路易斯安那州的奴隶农场主的日记里获取了体罚奴隶的数据，这些数据可供参考，从 1840 年 12 月开始的两年间，这个农场主对 180 名奴隶共进行了 160 回鞭刑，等于人均 0.7 次。

得益于奴隶的劳动，南方的生产效率蓬勃向上，而北方则在进行形态完全不同的革命——刺激人们的创造力持续革新的工业革命。特别值得一提的是，美国北部的企业家们制造出了当时世界上技术最先进的枪支。

1853 年在克里米亚战争中联军击败了拥有强大陆军的俄国，其决定性因素就是，制海权在握的英国海军如同在自家后花园似的来回穿梭于黑海，给联军运去新型来复枪。俄国军队使用的是滑膛燧发枪，需要使用燧石才能发射，装弹竟有九个分段动作，操作起来很繁杂，熟练的枪手一分钟也只能发射两发子弹。而且滑膛燧发枪的枪管里没有膛线，所以有效射程不过 180 米。但是供给法国和英国联军的新式来复枪有膛线，所以有效射程达到约 900 米，且装弹流程标准化，装弹后可直接射击。

这种在克里米亚战争中使用的新型步枪正是由美国马萨诸塞州的斯普林菲尔德兵工厂和康涅狄格州的民间企业制造的。美国东北部的制造业者迅速地接受了 19 世纪初从英国开始的工业革命，在 1820—1850 年这三十年间发展出了"美国式制造体系"。这个体系的核心是用自动或者半自动车床车出既定模样的零件。正因为有了这种机器，其他机器的零件得以被大批量制造，所以即使个人的能力有所不足，也能够迅速地、大批量地完成来复枪的组装。

当然，车床是昂贵的，材料的浪费也是严重的，但是像克里米亚战争这样需要大规模枪支的战争，这种生产方式的效益还是很高的。1851 年在伦敦举行的万国博览会给美国的制造业者提供了展示实力的历史性机会。就在这个博览会上，枪支制造商塞缪尔·柯尔特展示了自己公司生产的左轮手枪，这种手枪即使被拆解、混淆枪支部件以后再随意组合也能发射。

在南北战争初期，南部联军首先进攻了萨姆特要塞，这促使原先保持中立的阿巴拉契亚地区转而支持北部军队，也导致曾旗鼓相当的两军态势开始向有利于北方的方向倾斜。事实上，阿巴拉契亚

南部联军攻打萨姆特要塞。此事件之后战争态势开始向北方倾斜

地区的人对北方佬和南部的奴隶农场主都不感兴趣，但他们有着与生俱来的、嫉恶如仇的天性。

　　但是从长远角度来看，即使没有阿巴拉契亚地区的支持，胜败似乎也已成定局了。因为北部不仅在制造业，而且在运输方面都具有压倒性的优势。1830年，"巴尔的摩－俄亥俄"铁路建成，此时的北方铁路网络已如同蜘蛛网般连接了各地。1865年，在华盛顿遭到暗杀的林肯总统的遗体被迅速转移到2 575公里之外的斯普林菲尔德。这意味着以每小时35公里的速度不停歇地移动2 000多公里，拥有这种运输能力的军队是不会轻易地在战争中被打败的。

给我们的启示

———●———

投资生产效率快速增长的、
实行改革的国家

通过南北战争时期美国的故事和曾主导工业革命的英国黄金时期的故事，我们可以得到一个启示，那就是要投资经济稳步增长的国家，换句话说，要向以生产效率提升带动经济增长的国家进行投资。

美国在过去的 100 年间曾取得了股价年上涨率为 7% 的骄人成绩，这是靠生产技术的革新而实现的经济的持续增长。相反，像日本这样生产效率没能提升的国家，其证券市场就会陷入长期停滞。图 3-7 展示的是 1960—2017 年美国和日本的人均收入的演变。可以看出直到 1990 年日本一直在反超美国，可此后这一态势被美国迅速逆转了。为什么会发生这种情况？

这其中当然有很多原因，但最重要的是生产效率的问题。20 世纪 80 年代日本经济借助房地产价格的暴涨，突然间变得繁荣起来，但与此同时，生产效率却并没有得到提升。

能持续提升生产效率的国家，在世界范围内也是鲜见的。小范围来看有美国、德国、韩国，还有中国，即使大范围地查看也就是多几个像瑞典、以色列、爱尔兰这样的国家。那么除了少数靠改革

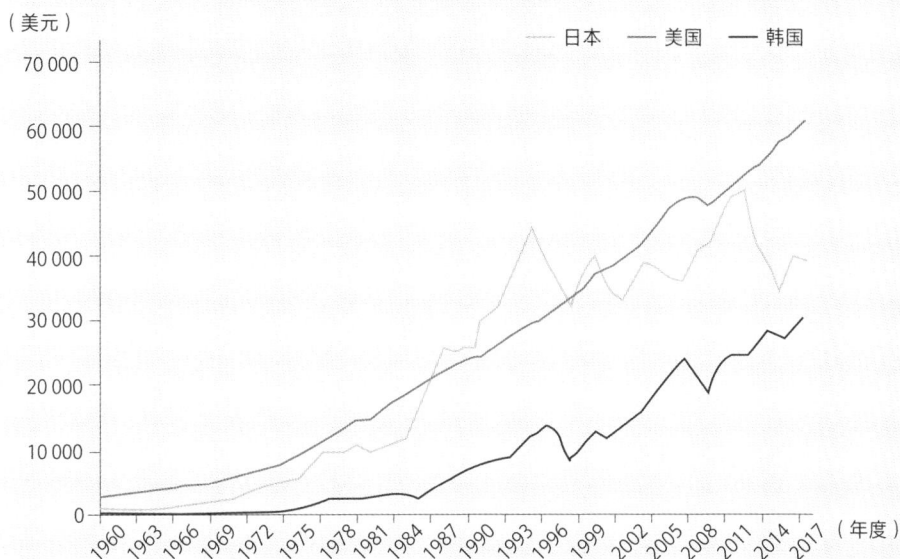

（美元）

日本 —— 美国 —— 韩国

🪙 图 3-7　1960—2017 年美国、日本和韩国的人均收入

数据来源：世界银行数据库

　　上图展示的是 1960—2017 年美国、日本和韩国的人均收入情况，单位是美元。因为单位是美元，所以收入的增加有通货膨胀的因素。可即使将通货膨胀考虑在内，也能确认美国和韩国等工业化国家的收入增长是持续不断的，但是反观日本，虽然其人均收入在 20 世纪 90 年代初创下了纪录，但是泡沫的崩溃和生产效率的停滞不前却使人均收入原地踏步。

发展起来的国家之外，别的国家是怎样富裕起来的呢？

　　大部分国家是因为有了不错的邻居才富裕起来的。南欧国家和美国的几个邻国就属于这一类。这些国家吸引富裕的邻居们来旅游或利用相对低廉的人力资源引进在富裕国家已经失去竞争力的产业。当然资本充足的邻居中那些觊觎"高风险、高收益"的投资者带来的资金也为提高国民所得作出了贡献。

　　但是这些国家自身的生产效率并没有得到提高，所以如果富裕邻居的爱好改变了，或者技术趋势变化了，他们要回去的话，这些国家就会陷入困境。2011 年开始的南欧的财政危机，还有从 20 世纪 80 年代开始频繁发生的中南美洲的外汇危机就是最好的例子。所以如果某一个国家因经济强劲让你感到它或许是一个好的投资方向的时候，你首先要考虑的是，它的那种经济强劲是依靠生产效率提升带动的，还是依靠别的什么因素带动的，弄明白这一点应该是正确投资的第一步。

第四章

大萧条，啊，大萧条！

The History Of Money

◆ 给我们的启示

经济萧条露出端倪时

要果断行动

为什么第一次世界大战
是偶发事件？

      第一次世界大战（1914—1918）爆发前夕，世界主要工业国家都在体验着"不列颠治下的和平"（Pax Britannica），即英国主导的和平。实际上在军事上英国并不比别的国家更占优势，"不列颠治下的和平"得以维持是因为英国在资本市场上占有压倒性优势。

      19世纪后半叶，有世界影响力的报纸《经济学家》的总编辑白芝浩（Walter Bagehot）曾测定了当时主要金融中心的可用储蓄量，发现相比于其他的重要城市，伦敦的储蓄规模大得出奇。当然这和英国凭借强大的海军掌控了海上霸权是分不开的，同时也是因为通过金融英国使自己强大的影响力变得更大、更广了。

      那么英国是怎样造就一个具有压倒性优势的金融市场的呢？当时英国的经济依靠工业革命确实是站在世界前列，虽然当时英国GDP的规模不及法国的28%，可伦敦和巴黎资本市场的规模相差超过9倍。产生这么大差异的原因应在于"历史的经验"。英国政府在光荣革命之后持续地积累了金融市场参与者们的信赖，反观法国，从约翰·劳的"密西西比公司"事件中可以看出，法国政府一次又一次地对大众背信弃义。结果，大部分法国人宁愿把贵金属藏在床底下以防万一，也不愿意使之在市场流通。金融市场是"规模经济"

最适合运作的地方，所以储蓄资金越是充足的地方越是富得流油，而储蓄资金越是匮乏的国家，越是穷得揭不开锅。如果银行有储蓄资金 100 亿，那么它可以把这笔资金放贷到各种地方。但是如果只有数百万或者数千万的资金，只能零散地分摊到不同用途中，那么这笔钱就发挥不出任何作用，因为谁也找不到钱，钱也不知道应该找谁。

伦敦金融市场所具有的不只是"规模经济"带来的益处，因为成功地维持了稳定的金本位制[①]，英镑的信誉度得以提升，全世界的投资者都首选英镑而不是自己国家的货币，使英镑享有"关键货币"的地位。1913 年，在第一次世界大战前夕，法国银行所保有的黄金价值是 6.78 亿美元，美国财政部所保有的黄金价值是 13 亿美元，而英格兰银行只保有 1.65 亿美元的黄金，可它却在游刃有余地起着世界金融中心的作用。

像伦敦和纽约这样的金融中心就像海星一样会吸纳周边其他金融中心的资本，这对于市场参与者来说是好事。像德国的克虏伯（Krupp）那样投入巨大的资本，从事炼钢和机械产业的资本家来说，伦敦金融市场无疑是老天赐予的礼物。

如果考虑到上述这些背景，就可以充分地理解，当时为什么没有几个人认为 1914 年奥匈帝国皇储在萨拉热窝被塞尔维亚民族主

---

① 把通货的价值和黄金价值联系起来的货币制度，是在 19 世纪以英国为中心发展起来的。

（万英镑）

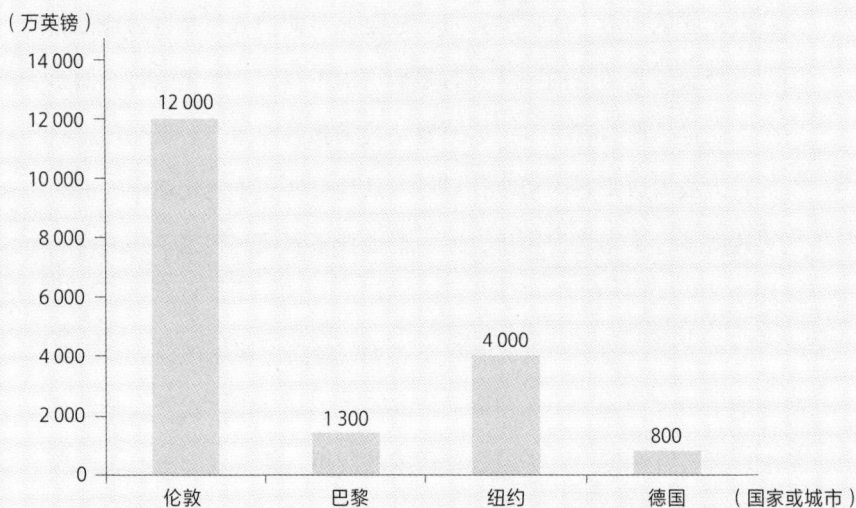

图 4-1 世界主要金融中心可用储蓄资金的规模（1873 年）

参见：윌리엄 번스타인（2017）

上图表示的是世界各地的金融中心储蓄资金的比较，可见伦敦的储蓄资金占压倒性优势。就像现在韩国老百姓喜欢储蓄美金，19 世纪全世界的富翁们都在伦敦储蓄英镑。英镑价值非常稳定，伦敦还具有巨大的金融市场，所以投资者们有很多机会自由地进行投资。

义者暗杀会成为第一次世界大战的导火索。整个欧洲都因相互之间的交易紧紧地联系在一起。特别是因为英国的金融霸权相当强大，在战争爆发的瞬间，敌对国在伦敦的资产有着立刻被冻结的危险。其实在第一次世界大战初期，同盟国并不是没有获得胜利的机会。如果在开战初期德国按照施里芬计划 ① （Schlieffen plan）占领巴黎，就可以以对自己更为有利的条件签订终战协议。还有如果十月革命没有发生在 1917 年，而发生在这之前，那么俄国在早期就只能把投入东部战线的兵力投入到西部战线。但是第一次世界大战陷入了持久战的泥坑，德国已经没有胜算打赢以英国为主导的协约国了。在开战初期德国可以动用储备资源用于战争，可是过了 1—2 年之后储备资源不多了，或者枯竭了，就束手无策了。

所有的参战国在战争期间都在不停地发行战争债券，并说服从来没有买过国债的人说，此时购买国债才是真正的爱国行为。协约国在纽约或伦敦这样的大型金融市场发行了债券。而德国和奥匈帝国等同盟国为了筹措战争所需要的资金只得向中央银行借贷。但是中央银行因为金本位制的施行，不可能发行超过自己所持有贵金属数量的钱。

借给政府的资金最终会重新流入市场，因此 1915 年以后，德国的金本位制已经基本上形同虚设了，如果大众意识到这一点，就很有可能立即狂抛纸币，换持黄金或者白银。

---

① 德国总参谋长施里芬在 1906 年为应对俄国及法国的夹击提出的作战计划。

1914 年 6 月 28 日奥匈帝国皇储在萨拉热窝被暗杀

在事发现场被捕的刺杀者加夫里洛·普林西普。他是"黑手社"的成员

德国为什么会发生
超级通货膨胀？

在这一小节我们来集中看一下德国。其实在第一次世界大战末期，德国并没有打过足以决定大战胜负的败仗，只是因为国家粮食极度匮乏引发了革命，不得不投降。战争结束以后威廉二世亡命荷兰导致了德国出现无政府状态。更为雪上加霜的是，在判定和追究战争责任等问题的巴黎和会上，以法国为首的战胜国向德国索赔1.32亿金马克的巨额赔偿金。作为参考，这个赔偿金的数额超过德国战前国内生产总值的 3 倍。

每年要偿还的战争赔款约占国内生产总值的 10%，占整体出口额度的 80%，新生的德国政府是注定无法摆脱财政赤字的。这么庞大的财政缺口最好是用民间借贷的方法来解决，可是在第一次世界大战中德国政府都到了靠发行中央银行的债券来筹措战争费用的地步，国民对政府的信赖丧失殆尽，所以这个方法是行不通的。加上政府治理能力不足，难以提高赋税。

在这种情况下，德国政府唯一能够采取的方法是超发货币，制造通货膨胀，即在中央银行不保有黄金的条件下，滥印货币，然后用钱去换取黄金，再用这些黄金向法国等战胜国支付赔偿金。当然，这种方法在 1921 年还是行得通的，因为人们不知道政府在干什么

1919 年《凡尔赛条约》的签订场面。第一次世界大战结束以后，为追究战争责任，调整欧洲各国领土以及维护战后和平召开的巴黎和会

荒唐的事情，而且物价也很坚挺（价格刚性 ① ）。工资的调整不是每月或每周一次，而是一年一次，加上企业界认为频繁挂牌换价格表不仅产生费用也会引起混乱，所以没有把变动事项立即反映到价格上。

但随着人们渐渐意识到，国家没有保有的黄金却能不停地给法国支付黄金，同时还在不断地发行货币，事态开始变得严重了。首

---

① 超过需求的货币供给并没有影响价格变化的状况称为价格刚性（rigidity of price）。

1923 年的德国货币

先察觉到通货膨胀征兆的是拥有众多贸易网络并精通海外市场行情的金融业者和企业家们。如果是各位遇到这种情况会采取怎样的措施呢？答案很明了，立刻把已经变成废纸的德国马克兑换成别的国家的货币，如英国的英镑或者美国的美元，然后存到海外。从 1920 年开始，德国的财政赤字严重，接着德国马克汇率开始急速上升。进口物品价格的上涨毫不意外地引起了整体的物价上涨。

1922 年以后德国出现了以月为基准的物价变化率达到 50% 的现象。这就是所谓的"超级通货膨胀"。最近在津巴布韦、委内瑞拉发生的就是这样的超级通货膨胀。超级通货膨胀的发生会导致国民对纸币，还有对中央银行的信赖完全崩溃。在物价每月上涨 50% 的情况下，最为实惠的方法是领到工资后立刻换取商品。因此，就会出现所有的人都争先恐后地抛出货币以换取商品的情景。

在这种情况下经济是不可能正常运转的。1923 年德国的年产值降到了 1914 年的一半。更为可怕的是如此严重的经济危机造成了全社会的心理创伤——钱的价值降低，凡是以钱的形式表现的财富

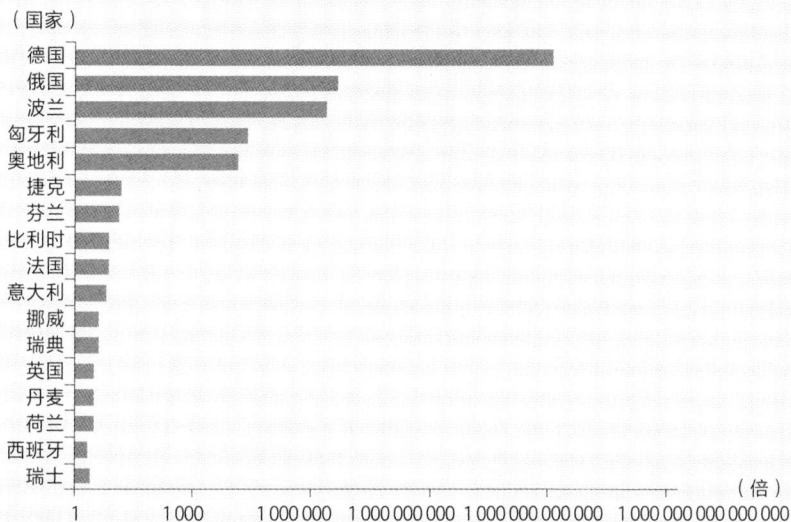

（国家）

德国
俄国
波兰
匈牙利
奥地利
捷克
芬兰
比利时
法国
意大利
挪威
瑞典
英国
丹麦
荷兰
西班牙
瑞士

（倍）

1　　1 000　　1 000 000　　1 000 000 000　　1 000 000 000 000　　1 000 000 000 000 000

图 4-2　第一次世界大战爆发后欧洲主要国家的物价变化率（1914=1）

参见：니얼 퍼거슨，『현금의 지배』，김영사（2002），163 쪽

1914 年第一次世界大战爆发后，欧洲各国备受通货膨胀的困扰。图中横坐标的第一格代表 1000 倍，第四格代表 1 兆倍。也就是说当时的德国经历了 1 兆倍以上的物价上涨。这样的物价飞涨使拥有英镑、美元或者实物资产的人成为大赢家，而拥有储蓄的人损失惨重。

和固定收入都被视为毫无价值。

当然，在德国发生的超级通货膨胀并没有降低海外债券，即用英国英镑或美国美元发行的债券的价值。马克对英镑或美元的汇率也急剧上升，所以外债的偿还负担与通货膨胀以前相比并没有什么大差别。但是因为严重的通货膨胀，所有具有固定价格的东西的价值都暴跌了。最大的受害者是那些领取固定养老金维持生计的人，还有那些购买德国政府债券的人，他们大都破产了。而那些坐拥土地、工厂等实物财产的人和那些曾经欠钱的债务人倒成了赢家。

事实上坐拥实物财产还跟别人借大钱的经济主体只有政府和企业。德国的超级通货膨胀把大多数国民都变成了穷光蛋，却让国家和企业赚得盆满钵满。这也成了后来以希特勒为首的极权主义得势的原因。当然如果没有发生紧随其后的大萧条，也许就不会发生第二次世界大战。但是隐藏在金本位制内部的不安定因素终究还是把世界经济引向了崩溃，进而改变了全世界数十亿人的人生。

在下一小节我们来看一下 1929 年的大萧条是怎么发生的。

1929 年美国股市为何会暴跌？
杠杆投资！

1929 年大萧条的始发点是那年 10 月末发生的股价暴跌事件，对此很多经济学家都无异议。所谓大萧条指的是从 1929 年到 1933 年发生的历史性的经济大萧条。以受到最直接冲击的美国为例，如果假设 1929 年美国的国民生产总值（GNP）为 100 的话，那么 1933 年该数值缩小到了 73.5。

在短短的四年间美国的经济规模缩小了 26.5%，可想而知其经济到底遭受了多么大的打击。有关 1929 年 10 月发生的股价暴跌事件，经济学家进行了大范围的讨论。在这里我无法对所有的观点进行逐一地介绍，只能尽可能简单、直接地指出股价暴跌的原因。

1929 年 10 月，美国股市崩盘的最直接的原因是在此之前六年间股价的暴涨。1920 年，第一次世界大战刚结束时，美国的标准普尔 500 指数只不过是 6.8，红利收益率却达到了 7.3%。红利收益率是指对应企业的股价每股所分到的红利的比例。例如，某股交易价格为 100 美元，每股红利是 3 美元的话，可以说这个公司的红利收益率是 3%。当时美国的十年期的国债利率也不过是 5.4%，所以每股 7.3% 的红利收益率是相当高的。加之，半导体和汽车等新产品推出了分期付款销售的方式，使产品需求暴涨，企业业绩得到了很大的改善。股市开始"火"了。

在这里举几个实例来介绍一下当时证券市场的氛围。1929 年夏天，记者塞缪尔·克劳瑟（Samuel Crowther）采访当时雄踞世界第二位的汽车制造公司通用汽车公司（General Moters）的金融主管约翰·拉斯科布（John Raskob），后者时任美国民主党全国委员会委员长，克劳瑟问拉斯科布个体投资者如何在股市投资才能使资产增值。拉斯科布回答说："现在的美国经济正处在巨大的产业膨胀时期，如果每周拿出 15 美元投资到优质股，在 20 年以后可以获得约 8 万美元的财富。"并断言，所有的投资者都会成为富翁。

不仅是拉斯科布，在经济危机发生前两周，也就是 1929 年 10 月 15 日，世界闻名的经济学家费雪（Irving Fisher）教授在基金经理和各公司财务主管参会的会议上断言"股市价格就要到达迄今为止从未到达过的、非常高的水平"。还有，在 1928 年 12 月 4 日，美国的卡尔文·柯立芝（Calvin Coolidge）总统在卸任前的最后一次演讲中乐观地说道："迄今为止，任何政府都没有见过现在出现的、令人满意的前景，国内既有和平，也有蓬勃发展的经济。"这也不足为奇，1925 年至 1929 年间，美国的工厂数量从 18.4 万家增加到 20.67 万家，国内生产总值从 608 亿美元涨到 680 亿美元。不仅如此，美国的工业生产指数从 1921 年的 67 一路飙升至 1929 年 6 月的 126。

但是股票投资的魅力却在直线下降。1928 年主要股票的市盈率（PER）上升至 16.3 倍，每股红利收益率掉到 3.48%。市盈率是将股票价格除以每股收益（EPS）得到的比率。例如，股价为 100 美元的股票每股收益（EPS）为 10 美元的话，那么这个公司股票的市盈率为 10 倍。可是市盈率上升至几倍是股价有泡沫，跌到多少是股价被低估，并没有绝对的衡量标准，但如果与过去的平均水平相比，市盈率过高的话，就可以认为股价有泡沫的可能性变大。如果考虑到从 1871 年到 1920 年标准普尔 500 指数市盈率平均为 14.9 倍的话，那么可以认为 1928 年的美国股市是已经被高估了。（1929 年 10 月初的股价最高点比 1928 年的平均股价上升了 30%。）

股票市场在红红火火的时候开始出现几个危险的信号。首先是从未涉足股市的人们开始参与股市，其次是越来越多的人开始靠借贷扩大投资规模，也就是"杠杆投资"。关于杠杆投资在这里谈两句。假如一个有 10 万美金的投资者举债两倍于本金投资，那么他的投资总额是本金 10 万美元加借款 20 万美元共 30 万美元。（为了便于计算，暂定借款利息为 10%。）如果他投资的股票年涨幅为 20% 的话，那他的股票投资等于赚到了 6 万美金，即使考虑到债务的利息，对比本金，投资收益率也有 40%。可见，负债给投资者带来了投资收益率的大幅增加。

但是如果股价开始下跌，杠杆投资就会引发严重的问题。如果股价在一年内下跌了 30%，那么他的总投资额（30 万美金）将缩水为 21 万美元，而投资的本金就只剩下 1 万美元。如果在这里再考虑借款利息 2 万美元，那么他的净资产就变成负 1 万美元。当然，给他放贷的金融机构不会对此坐视不管的。当股票跌到不能偿还债

务的程度时就会发出"追加保证金通知"（Margin Call），意思如
同字面所述，是"如果不追加担保股票或者存款的话，将强制售卖
股票收回贷款"的通报电话。因此，在杠杆投资迅速增加的情况下，
如果股票开始下跌，就会发生恶性循环。

这样的事情大规模地发生在1929年的美国股票市场。1924年末，
杠杆投资的规模不过是22.3亿美元，但到了1927年末，这个数字
达到了44.3亿美元，而到了1929年的10月4日，即大萧条前夕，
杠杆投资的规模达到了85.0亿美元。股票市场有句话说，"涨得有
多高，跌得就有多狠"，1929年10月的股市验证了这句话。在投
资新手比例大幅提高，而投资魅力在逐渐减弱的情况下，市场利息
的提高给了股票市场以致命的打击。

至于市场利率上升的原因我们将在下一个小节进行说明，首先
先研究一下杠杆投资大幅增加的情况下市场利率上升会导致的两种
情况。第一种情况是，贷款利率的上升会直接导致投资收益的恶化；
第二种情况是，一部分股票投资者认为贷款利率上升使债券投资胜
过股票投资，因而为了偿还债务开始抛售持有的股票。

特别值得注意的是，当时的纽约联邦储备银行的再贴现率从
1928年2月的3.5%提高到了1929年8月的6.0%。这里所说的再
贴现率指的是中央银行放贷给民间银行的利率。如果各银行从中央
银行借贷的利率上升，那么各银行放贷给顾客的利率也必然会上升。
结果，银行间在市场交易的短期利率，即隔夜拆借利率也会开始急
速上涨。1928年1月的隔夜拆借利率只不过是4.24%，可到了1929

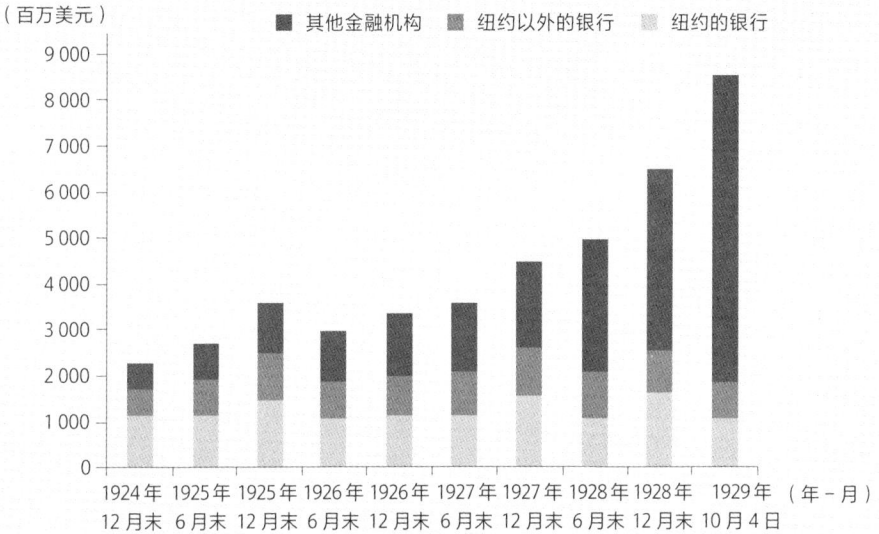

（百万美元）

图例：■ 其他金融机构　■ 纽约以外的银行　▨ 纽约的银行

图 4-3　1924—1929 年证券相关贷款的情况

参见：러셀 내피어（2009）

　　上图显示的是 1929 年经济危机前夕证券相关贷款的情况。可以发现，越是接近 1929 年，"其他金融机构"的贷款数额就越是急剧增加。在这里，"其他金融机构"是指信托公司等各类金融机构。1907 年在美国发生的金融危机等大部分的金融危机都是由这些"其他金融机构"不能按时回收证券贷款导致破产而引起的。

年 7 月已经上涨到 9.23%。

在下一个小节让我们详细研究诱发大萧条的纽约联邦储备银行的利率上调政策是在什么样的背景下实施的。

为什么纽约联邦储备银行
提高了利率？

在上一个小节我们提到了纽约联邦储备银行提高利率诱发了股票市场的崩盘。那么纽约联邦储备银行为什么要提高利率？这里需要说明两点。一是因为金本位制。在这里先简短地谈一谈金本位制的结构。假如某一个国家的消费增加导致这个国家从另一个国家大量进口产品，引发了贸易收支的恶化，其结果必然是黄金的流出，即货币供给减少。通货供给的减少使利率上涨，这会直接导致整体经济需求萎缩。当然，如果在这个过程中国家对海外产品的需求下降了，而且贸易收支有所改善的话，可以重新增加货币供应，下调市场利率，以此给经济增加活力。

在金本位制的体制下中央银行的作用大体只限于两个方面。其一是发行可信赖的货币，即通行货币，以减小金属货币不确定性的影响。这是最重要的作用。其二是在经济受到冲击时发挥作为最后放贷者的作用，这一点我们将在下一个小节作详细论述。当时的世界各国的中央银行都没有发挥这第二个作用，这对世界经济危机的爆发有着不可忽视的影响。

现在我们回到 1926 年，看看英国。当时的英国虽然打赢了第一次世界大战，但是还没法享受胜利带来的喜悦。在第四章第二小节我们提到了德国经历的超级通货膨胀，这一通货膨胀使德国经济崩溃，英国无法得到战争赔款。不仅如此，战争还带来了巨大的人口损失。在英国陷入困境的时候，美国伸出了援手。1927 年，美联储在 1927 年收取英格兰银行 1 200 万英镑的同时向英格兰银行提供了自己所保有的黄金，为了改善英国经常性收支不平衡的状况，还采取了下调利率、扩大货币供给等刺激经济的政策。虽然现在我们很难理解当时美国的做法，但是当时的美国和英国可谓是鲜血凝成的同盟关系，所以此举是可以理解的。

但是 1927 年的利率下调和货币供给的扩大导致了美国股市的泡沫，美国联邦储备委员会从 1928 年夏开始停止对商业银行提供资金，同时上调利率。可是该政策却在短时期内引发了更大的负面效应。因为维持着金本位制，国家之间的汇率是固定的，在这种情况下如果一个国家提高利率，就势必会引起外部资金的流入。

资金流向美国给澳大利亚和阿根廷等一些对海外资本依存度较高的新兴国家的经济造成了很大的打击。了解一下 1929 年前后美国的黄金储备情况就不难看出，在 1928 年美国联邦储备委员会提高利率后美国的黄金保有量实际上提高了。也就是说，虽然利率上调了，但是由于海外资金的进入美国几乎没有发生紧缩现象。

但是美国联邦储备委员会抱定坚决打破股票市场泡沫的决心，所以并没有减缓上调利率的速度。当时美联储非常倾向于"清算主义"，从当时胡佛总统（Herbert Clark Hoover，1929—1933 年在任）的财政部长梅隆（Andrew Mellon）的发言"清算劳动、清算股票、

（10 亿美元）

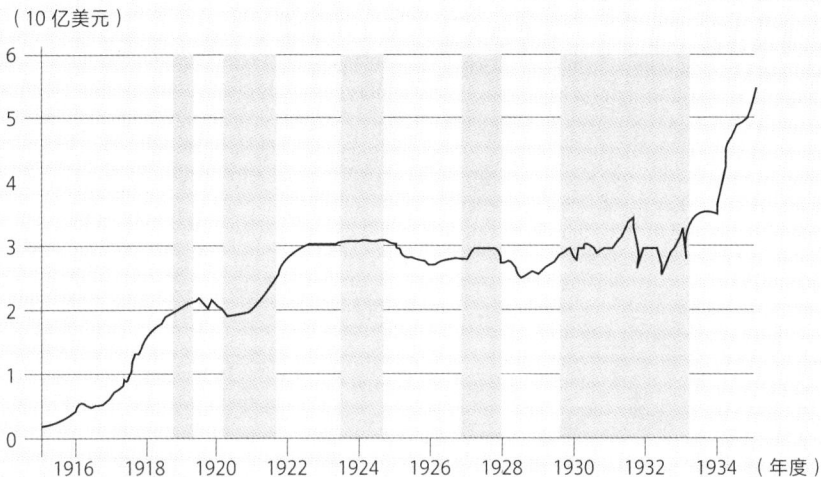

🪙 图 4-4　美联储保有的黄金储备

数据来源：美国圣路易斯联邦储备银行（http://fred.stlouisfed.org/series/
M14062USM027NNBR）
注：阴影部分为美国国家经济研究局（NBER）判定的经济疲软时期
　　就像最近世界各国都保有以美元为主的各种货币作为外汇储备，当需
要外汇时提取使用一样，金本位制度时期各国的中央银行都保有黄金，然
后以黄金为基础发行货币，所以黄金的流出会导致货币供给的减少，反之，
货币供给会增加。1929 年的大萧条发生以后，美国的黄金保有量没有减少，
直到 1933 年，连美国都抛弃了金本位制，才出现了黄金流出的现象。

位于华盛顿特区的美国联邦储备委员会

清算农夫、清算房地产"中可以看出这个"清算主义"到底是什么。他们认为应该清算在各个经济领域存在的泡沫，这就需要那些主张革新的人们上台，收拾那些软弱的人们弄出来的乱摊子。

　　清算主义者们认为 20 世纪 20 年代美国的经济过于繁荣了：经济膨胀过快，经济增长过多，信用被挥霍浪费，股价暴涨。既然经历了这种过剩时期，现在需要的就是紧缩时期，即需要挤掉所有过剩的时期。这种论调当时得到了大范围的认可。这就是上调利率的第二个原因。当然，大萧条的发生使清算主义者们的主张得到了实

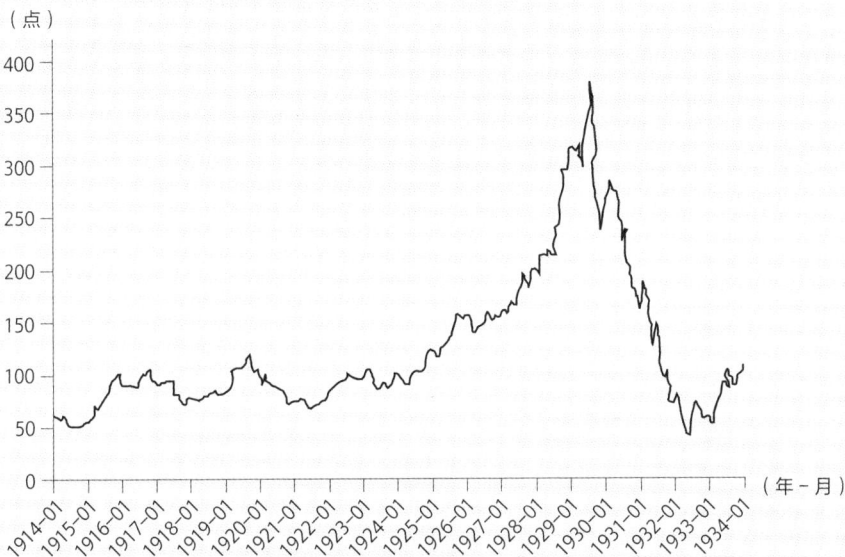

図 4-5　1929 年前后美国道琼斯指数的走势

参见：彭博

图为大萧条时期的道琼斯指数的演变。1921 年 6 月道琼斯指数为 68点左右，到了 1929 年 8 月该数值急升到了 380 点，但是从 9 月开始转头向下。1929 年 10 月暴跌后，一直到 1932 年 5 月，道琼斯指数经历了漫长的下滑时期。

现。1929 年 10 月，美国股市爆发金融恐慌，杠杆投资者接连破产，给予他们贷款的金融机构也随之连续亏损，这一切已经超出股市范围，开始给整体经济带来严重的打击。当时最有人气的股价指数道琼斯工业平均指数（Dow Jones Industrial Average），即道琼斯指数在 1929 年 10 月 28 日仅一天内就下跌了 38.33 点（−12.8%），紧接着在 29 日又下跌了 30.57 点（−12.7%），也就是说，在仅仅两天时间内道琼斯指数就下挫了约 23.0%。

但是面对股市市场的崩溃和工业生产总值的急剧减少，当时的美联储和政府的决策者们的反应和行动却是既缓慢又迟钝。下一小节我们一起来看看美国的决策者们犯了哪些错误。

大萧条为什么
延续了那么长的时间？

　　1929 年末，股价的暴跌使很多杠杆投资者瞬间失去了投资本金，给他们贷款的金融机构也接连遭遇危机，面对这样的局面，决策当局该采取怎样的行动才能够避免经济危机的发生呢？

　　当时的首选应该是下调利率。1928 年 7 月，美国联邦公开市场委员会曾受到相关人员的警告："如果现在的高利率再持续几个月，从现在起 6 个月到 1 年之内经济状况会受到影响。"在美联储内部，特别是纽约联邦储备银行已经做好了应对股价发生暴跌的准备。纽约联邦储备银行采取了公开市场操作的政策，在 1929 年 10 月到 11 月间把政府证券的保有量增加了两倍。这里所说的"公开市场操作"指的是，中央银行为了调节通货供给而介入债券市场的措施。纽约联邦储备银行开始购入债券，那么曾经持有债券的人会得到现金，其结果当然是利率的下降。

　　但这个措施受到了美国联邦储备委员会的强烈抵制。当时的纽约联邦储备银行行长哈里森（George L. Harrison）主张，"在 10 月份这样的特殊状况下，个别储备银行的理事有自行判断和决定的权力"。但是美联储则判定，纽约联邦储备银行违背了"货币政策的最终决定权在于华盛顿"的精神。结果，纽约联邦储备银行在 11

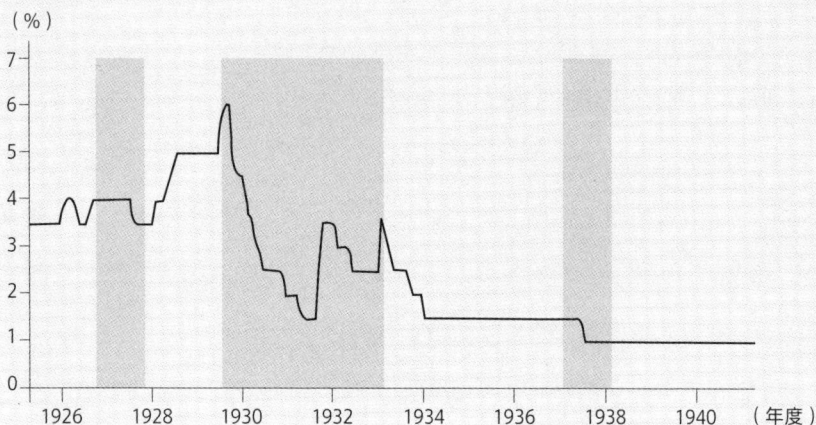

（%）

图 4-6　1925—1940 年美国纽约联邦储备银行再贴现率变化趋势

数据来源：美国圣路易斯联邦储备银行（http://fred.stlouisfed.org/series/M13009USM156NNBR）

注：阴影部分为美国国家经济研究局（NBER）判定的经济疲软时期

　　中央银行经常在市场购买票据或债券，此时是以加一定贴现率的方式购买。因为购买票据或债券意味着中央银行向这些票据或债券持有者提供贷款，所以在这些票据或债券到期之前加一定的利息是合理的。当中央银行想减少通货供给的时候会提高贴现率，这时票据或债券持有者不愿意把自己的票据或债券卖给中央银行，导致市场的货币供应量不足。反之，中央银行下调贴现率的时候，票据或债券持有者就想尽量多卖出自己的票据或债券。

月初迫于美联储的压力，停止了公开市场操作。

当时美联储采取这样的强硬态度跟美国联邦储备委员会的主要成员倾向于"清算主义"有很大关系。当然也不要忘记，当时支配世界金融体系的金本位制的枷锁也产生了很大影响。先有股价暴跌事件使经济需求萎缩，后有随之而来的整体经济的物价下跌，终于导致了经济增长率下降。在这种情况下政府所能采取的最恰当的对策应该是扩大财政支出，扩大货币供应。

但是如果政府这么做的话，可能会引发与1928年利率上调以后曾发生的问题截然相反的状况。1928年为了控制股票市场的泡沫，政府提高了利率，结果吸引了海外资金，这些资金涌入股票市场，增加了股票市场的流动性。如果现在逆向操作，为了刺激经济下调利率，资金就有可能流出美国。而且，如果政府扩大财政支出，导致进口额增长，也会发生同样的现象。因此，只要政府致力于维护金本位制——只能发行和政府保有黄金量相当的货币，那么美联储能起的作用就很有限。

当然，黄金大量流出的情况最终还是没有发生，美国的贸易收支依旧是顺差。虽然在贸易收支上发生过一次逆差，但是美国始终维持了相对较高的利率，很多投资者在经济不稳定时都首选较为安全的货币——美元，所以美国的黄金储备量始终没有减少。可以认为，最终成为罪魁祸首的是政府必须守卫金本位制的义务感和责任感，受困于此，政府未能及时采取积极的应对策略。

在这里可能会有人产生疑问，在1929年之前也不是没有发生过股市价格暴跌引起经济萧条的状况，可为什么唯独在 1929 年导致了经济和证券市场的全盘崩溃？

　　股市价格的暴跌规模巨大应该是最大的原因，但是美联储应对政策在总体上的失败也应该被视为主要原因。正如第四章第二小节所指出的，众多投资者为了发财不惜冒险，靠借贷进行投资，却遭到了巨大损失，而且这一损失又直接转嫁给放贷金融机构，使它们也面临重大危机，此时美联储所采取的做法却是无视、放任。下一小节我们再仔细研究一下这个问题。

银行危机
引发了金融恐慌

　　众多的经济学家都在探讨 1929 年的股价暴跌事件导致大萧条的原因。大家所公认的主要原因是金本位制和持"清算主义"态度的政府。不过，除了这两个原因以外还有一个原因，那就是政府对银行危机所采取的错误的对策。

　　图 4-7 显示的是大萧条前后倒闭的银行数量。倒闭的银行在 1929 年是 976 家，1930 年是 1 350 家，到了 1933 年骤增至 4 000 家。但是相比于银行的倒闭数量更成问题的是这些倒闭的银行的平均储蓄规模增加了。也就是说，危机已从小型银行蔓延到大型银行，从个别银行扩散到整个金融系统，情况迅速恶化。特别是在 1930 年 11 月发生的考德威尔集团（Caldwell Group）的破产，给整体经济带来了巨大的负面影响。考德威尔集团是在南部几个州对银行、保险公司、证券公司等进行投资的金融王国，破产时的资产总规模高达 5 亿美元。

　　遇到这种情况应该采取怎样的对策呢？最好的对策应该是引入"存款保险"制度。但是如同前文所提到的，当时深陷"清算主义"的胡佛政府根本不可能推行这一政策。现在所剩的唯一的解决对策是中央银行的介入，以及中央银行承担最终放贷者的角色。

（数量，千美元）

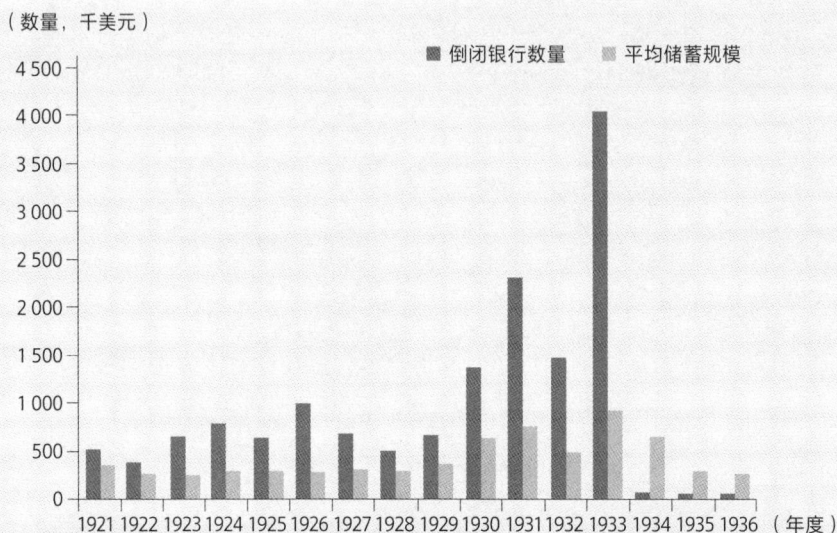

图 4-7　1921—1936 年破产的美国银行的数量和储蓄规模

参见：양동휴 등（2000）

　　1776 年独立以后，美国有过众多的银行，但具有全国性规模的银行的数量却很少，银行破产的情况时有发生，可是从 1929 年开始破产的银行和之前相比有着数量级的区别。一年内有 4 000 多家银行接连破产，大萧条期间更是有 2 万多家银行破产，导致整体经济出现了严重的货币供给不足。

最终放贷者的职能就是，当储户们的提款要求使银行面临破产危机时，由中央银行向银行提供紧急资金。当然这不是提供信用贷款，是以银行的资产为担保，以高利率向处于挤兑危机的银行提供贷款。因为这是以银行持有的贷款或者债券为担保，所以中央银行受损的可能性近乎为零。实际上在 2008 年全球金融危机时，美联储通过紧急贷款获取了相当大数额的经济效益。

但是当时的美联储放任了银行的破产，因为此时奉行的行为准则也是金本位制。美联储的顾虑是，如果为了帮助银行而提供紧急贷款，利率会下降，而利率的下降会导致黄金流出。结果，当时美联储不仅没有下调利率，反而在 1931 年末还调高了纽约联邦储备银行的再贴现率。

按照当时的情况，即便是采取宽松的货币政策和扩张的财政政策，也未必能够挽救所有的金融机构，在如此严峻的态势下，美国政府反而采取了提高利率等紧缩的货币政策，这使美国经济陷入了难以挽回的糟糕境地。最为关键的问题就是货币供给的急剧减少。美联储只是关注了黄金的海外流出，没有注意到因为银行破产导致的放贷规模的大幅减少。1929 年下半年，美国银行的贷款金额为418.6 亿美元，可到了 1930 年末减少到 380.5 亿美元，在经济危机最为严重的 1933 年初，贷款金额只剩 222.4 亿美元。

当然这些银行也并不是心怀恶意地进行贷款回收的。当银行发生挤兑的情况，大部分存款被提取，银行为了保证现金储备，会采取回收贷款、出售持有的债券或股票的措施。但是当银行开始回收

20 世纪 30 年代美国露宿街头者搭建的棚户区。当时因大萧条美国全境出现了数千处棚户区，居住者达数十万。时任总统胡佛被谴责应为大萧条负责，因此这些棚户区被称为"胡佛村"

贷款，很多用贷款购入厂房或者机械设备的公司就会陷入困境。这种情况下，对公司来说，唯一的方法就是"出售固定资产"。

但是 1929—1933 年对企业来说是出售固定资产最为不利的时期。货币供给减少导致整体经济的不景气，由此引发了严重的通货紧缩。这里所说的通货紧缩是和通货膨胀正相反的现象，就像发生在 15 世纪的欧洲和 3 世纪的中国那样的钱的价值上升的现象。如果发生通货紧缩，拥有固定资产的人就会陷入困境，但是那些拥有现金，特别是拥有以黄金为主的贵金属的人就会获得巨大的利益。为什么会发生这种现象？这种现象会带来什么样的后果？我们在下一小节仔细探讨一下。

通货紧缩
为什么可怕?

　　设想一下，有一家能生产相当于 20 万美元农作物的农场 A。A 农场拥有能生产相当于 20 万美元农作物的土地和农业机械，农场的银行贷款是 10 万美元，年利率为 5%。在这种条件下如果突然出现通货紧缩会发生什么事情?

　　A 农场生产的玉米或者小麦的价格开始以 5% 的幅度，而后以 10% 的幅度下跌的话，销量也只能下降。在这过程中需要支付的实际利息也增加了。如果物价的年增长率为 5% 的话，那么需要支付的利息可以说是 0%，但是如果物价下跌 10%，那么农场实际上需要支付的利息是 15% 以上。经营压力和偿还贷款的压力也必定随之增加。在农产品价格大跌的大环境下，农场、农业机械这些东西的价格怎么可能保持稳定呢? 结果，就像约翰·斯坦贝克（John Steinbeck）的名作《愤怒的葡萄》里的主人公们一样，A 农场主也许逃脱不了只能背井离乡，绝望地走向加利福尼亚的命运。这是不是有点夸张呢? 在 1929—1933 年间，在当时美国经济危机的大背景下真的发生过这样的事情。1929 年的美国消费者物价指数为 17.3，可到了 1930 年末该指数下降至 16.1，到了 1933 年 5 月更是下滑到了 12.6。也就是说，在短短的三年时间里美国的物价下跌了 27%

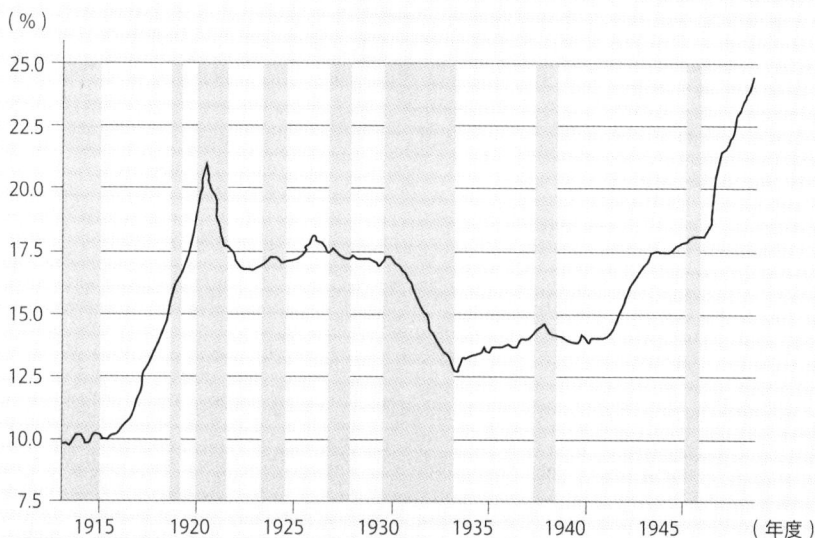

（%）

図 4-8　1913—1950 年美国消费者物价指数走势

数据来源：美国圣路易斯联邦储备银行（http://fred.stlouisred.org/series/CPIAUCNS）

注：阴影部分为美国国家经济研究局（NBER）判定的经济疲软时期

　　在 1971 年美国总统尼克松宣布中止兑换黄金之前，通货膨胀的压力只是在战争期间上升，而遇到经济疲软（阴影部分）时期会毫无悬念地出现通货紧缩，特别是在 1929 年大萧条开始之后漫长的经济不景气期间，消费者物价指数几乎下跌了 27%，对整体经济造成了严重冲击。

以上。

就像在第四章第五小节中提到的一样，银行的连续破产诱发了通货紧缩。在仅 1933 年一年就有 4 000 家银行破产的情况下，人们争先恐后地涌向银行提取存款，曾经存在银行的资金零星地分散到千家万户，于是在整体经济中周转的货币量就开始变得更少了。

1933 年罗斯福政府(1933—1945 年在任)上台，废除了金本位制，开始实施包括"存款保险"制度在内的、大规模的金融改革，阻止了经济危机进一步恶化。虽然一直到 1933 年初美联储还在提高利率，在金本位制被废止的 4 月以后就开始下调再贴现率，并向资本市场供给货币，通货紧缩才得以结束。

可是即使是采取了这样的措施，美国经济也没有轻易地恢复元气。1929—1933 年间美国经济所受到的冲击实在是太大了。在上面提到的小说《愤怒的葡萄》里，迁徙到西部的主人公乔德一家东山再起的可能性也应该是微乎其微的，因为利息下调和"存款保险"制度来得太迟了。

更成问题的是罗斯福政府的财政政策。1933 年罗斯福执政以后，依然执着于"健全的财政"。1932 年开始美国的财政赤字扩大了，这不是因为财政支出的增加而是因为财政收入的急剧减少。也就是说，由于经济危机，企业纷纷破产，因此无法正常收税。可是 1937 年罗斯福政府为了达到财政收支平衡硬是减少了财政支出，结果引发了严重的经济萧条。1937 年的财政紧缩不仅显示出了罗斯福政府的局限性，也使人切身感受到从 1929 年开始的大萧条使内需枯竭

罗斯福废除金本位制，并实施包括"存款保险"制度在内的、大规模的金融改革

到什么程度。结果，美国的人均可支配收入（从收入中减去赋税等
项目以后的额度）恢复到 1929 年的水平是在 1939 年，也就是第二
次世界大战爆发以后。

在这里也许有人会问：在美国如此饱受煎熬的时候，德国为什
么能够一路凯歌？让我们在下一节一起探究其答案。

德国为什么
能够迅速崛起？

以 1939 年德国进攻波兰为起点的第二次世界大战造成了平民和军人合计死亡约 4 700 万人，这是人类历史上最为惨烈的战争。当时的德国和传统的陆军强国法国及苏联相比一直占据了压倒性的优势，至少在供给不短缺的情况下一直给人以一种战无不胜的印象。1923 年的超级通货膨胀，还有此后发生的大萧条使德国经济完全崩溃了，为什么他们还能够培育出如此强大的军队？

答案就在于他们抛弃了金本位制。1931 年 8 月，德国先于其他国家摆脱了金本位制，得益于此，1933 年德国的再贴现率从 7% 降到 4%，德国国内的信用状况迅速改善。1929 年 6 月，第一次世界大战的战胜国商定，战败国德国可以在能力范围之内支付战争赔款，这也有助于德国经济的复苏。

也有人分析说，1933 年希特勒执政以后推行积极的财政政策起到了正面作用，但是从图 4-9 中可以看出，希特勒执政以后公共支出在国民生产总值（GNP）中所占比重并没有什么增长。也就是说希特勒之所以能够获得挽救了德国经济的评价，其实是因为在他上任之前施行的下调利率和扩大财政支出的政策效果在他执政时期显现出来了而已。作为参考，德国的失业率在 1932 年曾高达 43.8%，

阿道夫·希特勒

1941 年希特勒在国会演讲

但是在采取积极的财政政策后失业率在 1933 年降至 36.2%，而到了 1934 年更是骤降到 20.5%。如果经济恢复是拜希特勒所赐的话，失业率的下降应该在 1934 年以后才能明确显现。

美国在 1933 年 4 月才废除金本位制并下调了利率，因此从 1934 年开始失业率才有所下降，而英国在 1931 年就废除了金本位制并积极推行扩大货币供应的政策，所以到 1932 年失业率就开始下降了。

由此可见，德国的失业率相比其他先进国家迅速地下降，帮助了希特勒提高威望。

（%）

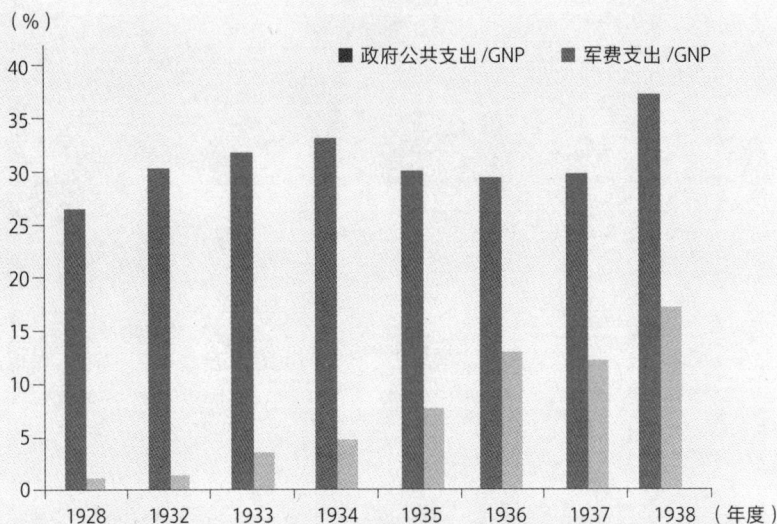

图 4-9　政府公共支出和军费支出占国民生产总值（GNP）的比例

参见：양동휴 등（2000），295 쪽

　　图中显示 1933 年在希特勒掌权之前，政府在公共支出和军费支出上的
投入已经有了大规模的增长。毫无疑问，从 1934 年开始急速增长的军费支
出成了刺激德国经济的"一等功臣"。希特勒掌权之后开始的德国经济复
苏其实归功于在此之前政府成功地脱离金本位制以及财政支出的扩大。

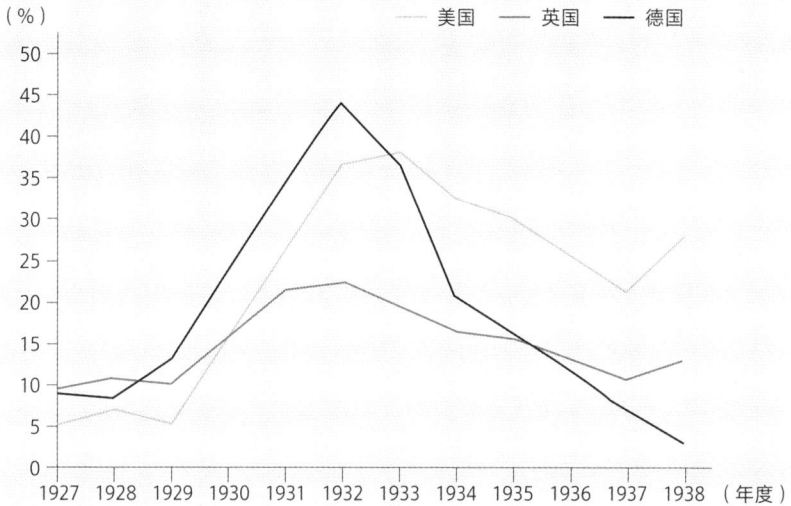

（%）

图 4-10　1927—1938 年世界主要国家失业率的变化趋势

参见：양동휴 등（2000），238 쪽

　　上图显示了美国、英国和德国在 1927 年以后失业率出现的变化。失业率下降的顺序为英国、德国、美国。这是因为它们脱离金本位制的时机不同。英国在 1931 年第一个废除了金本位制，德国和美国紧随其后。三个国家都在废除金本位制之后，立刻下调利率，扩大货币供给，使失业率急速下降。

从这一点看，可以说希特勒的"成功"有很多运气的成分。也可以说，希特勒特别善于包装自己。当然不可否认，1936 年在柏林召开的奥林匹克运动会，以及不限速的高速公路的建设等积极的基础设施投资对德国失业率的迅速下降起到了很大的作用。

但是德国的经济竟然发展到从 1936 年开始就可以大规模地再一次武装军队，接着不到三年后就悍然发动第二次世界大战的水平，这和 1932 年开始施行的正确的刺激内需的政策是分不开的。对很多经历经济危机的国家来说，这可以说是一个重要的、可借鉴的经验，也成了一个典型的实例：哪怕是遇到严重的经济危机，只要实行扩张的财政政策，就能够摆脱经济危机带来的恶性循环，还能使经济实现强劲增长。

接下来的第五章我们谈谈 1971 年尼克松政府对国际货币体系改革之后开始的新的世界经济和金融市场环境。

给我们的启示

经济萧条露出端倪时
要果断行动

　　第四章给我们的启示是很明确的，那就是遇到经济萧条时一定要果断地行动。哪怕会产生一定的负面效应，也要在经济萧条诱发无休止的恶性循环之前采取行动。对此最活学活用的正是美联储。2008 年雷曼兄弟的破产引发金融恐慌，银行挤兑再次发生，美国联邦储备委员会毫不犹豫地采取了应对措施。从图 4-11 可以看出，美联储的资产持有规模在 2008 年末急速增长。这是因为美联储不仅下调了利率，而且在金融市场直接购买债券使利率下降，并大量供应货币，施行了所谓"量化宽松"的政策。

　　当然，仅凭这一政策并不能摆脱 2008 年的全球金融危机。在2009 年 3 月召开的 G20 峰会上，与会国家达成了同时扩大财政支出的协议，这也起到了很大的作用。但是欧洲中央银行对购入资产表现得不那么积极，2012 年到 2014 年间，欧洲中央银行采取了货币紧缩政策，大幅减少所持有的资产，从而引发了希腊试图脱离欧元区等诸多问题。

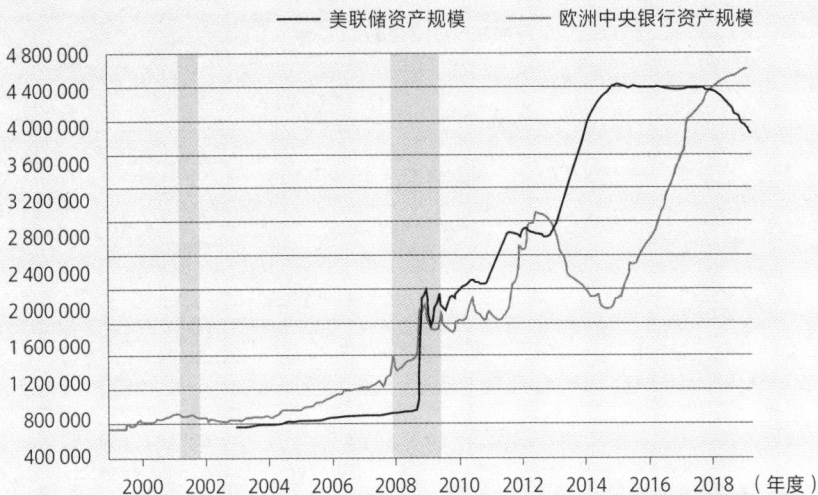

図 4-11　美联储资产规模（百万美元）和欧洲中央银行资产规模（百万欧元）的变化趋势

数据来源：美国圣路易斯联邦储备银行（http://fred.stlouisfed.org/graph/?g=mMDa）

注：阴影部分为美国国家经济研究局（NBER）判定的经济疲软时期

　　上图显示的是 2008 年全球金融危机前后美联储和欧洲中央银行资产规模的变化趋势。全球金融危机爆发时，美国和欧洲中央银行都大规模地增加了资产保有量，但是到了 2012 年前后，两个中央银行政策基调的变化反映在了资产增长率的差距上。作为参考，从 2012 年到 2018 年美联储的资产总额年平均增长率为 2.3%，而同期欧洲中央银行的资产总额的增长率为1.2%。

第五章

金本位制
崩塌以后的世界

◆ 给我们的启示

不要和央行作对

The History Of Money

美国为何以
"世界警察"自居？

　　1944 年 7 月 1 日，第二次世界大战结束前夕，在美国的布雷顿森林镇（Bretton Woods）召开了由 44 个国家代表参加的国际货币金融会议，代表们就战后如何运营全球金融体系展开了激烈的争论。最终讨论形成的布雷顿森林体系还是按美国的主张，回归到固定汇率制度，而不是浮动汇率制度。

　　在这里简单说明一下浮动汇率制度。浮动汇率是指根据外汇市场的供需决定汇率的一种制度，而与之对应的固定汇率制度则像金本位制那样，是由政府对特定贵金属或者货币统一规定汇率的制度。当然布雷顿森林体系并不是完完全全的金本位制。体系规定 1 盎司黄金兑换 35 美元，而其他国家则自行规定本国货币对美元的汇率。同时为了吸取 20 世纪 30 年代金本位制崩塌的教训，会议还宣布成立了国际货币基金组织（IMF）。其原则是，在会员国陷入一时的国际收支不平衡而无法维持固定汇率制度时给予支援。

　　在布雷顿森林会议上约定的不只是固定汇率制度的回归，还有美国的霸权地位。美国在会议上承诺将开放美国市场，同时保障世界贸易的通畅。美国的做法让人诧异。但凡掌握世界经济霸权的国家一般都热衷于抢占别国的领土或者扩大殖民地以确保自己"可以独占的市场"。英国就是这方面的典型。如果没有那样的利益保证，保障世界贸易通畅的费用从哪里来？

1815 年击败了拿破仑的军队之后，英国登上了世界霸主的位子，但它作为世界霸主为保障世界贸易的畅通不得不投入数额相当大的资金。为了保护英国通向印度和北美的航路，英国建立了庞大的护送船队。一般情况下是 200 艘，有时候是 500 艘商船集中在类似普利茅斯这样的英国南部港口出航，在危险海域这些商船受到英国战列舰的护卫。当然当时的英国在结束拿破仑战争之后主导了维也纳会议，打好了推进世界殖民地建设的基础，也以此捞取了为保障世界贸易畅通所需的费用。

反观第二次世界大战以后的美国，其采取了截然相反的态度，不仅向别的国家开放了自己的市场，而且还主动承担维护世界贸易畅通的巨大费用。美国为什么会作出这样的选择？其原因有两个。

一是苏联红军装甲部队的威胁。其在斯大林格勒歼灭了德国军队，在中国消灭了日本关东军。苏联对欧洲以及东亚来说都是巨大的威胁，美国难以亲自出马与之针锋相对，在经济上也不划算。冥思苦想之后美国决定，培植像德国和日本这样的第二次世界大战时的敌对国为友邦，不仅向它们开放美国市场，还通过马歇尔计划（The Marshall plan）① 提供其恢复经济所需的资金，以此建造了应对苏联

————————

① 1947 年美国国务卿马歇尔提议的美国对西欧各国的援助计划。

马歇尔计划中提供的援助物资上的
的标识。上面写有标语：美国为欧
洲复兴提供的援助

威胁的防波堤。

二是为了自己国家的利益。保障世界贸易的畅通也符合美国的国家利益。适应蓬勃开启的石油时代，保障从中东到美国及欧洲的石油运输通道的畅通是有助于美国经济发展的。特别是从艾森豪威尔任总统时期开始建设的各州之间的高速公路网大幅度地增加了石油消耗，使美国逐渐转化为石油纯进口国。如果考虑到这一点，可以说石油运输通道是美国经济增长的生命线。

美国的政策对于有出口能力的国家来说犹如福音，因为它们没有必要像以前那样增强军事力量去管理那些可以销售自己商品的殖民地，也没有必要支付庞大的费用来维护运输通道。而且，与其卖货给那些没有购买能力的第三世界国家和殖民地，不如卖给世界上

最富有的国家更划算。借助于美国对运输通道的保护，一直到 20
世纪 60 年末，原材料价格始终保持稳定。

得益于此，世界经济进入了高速增长期。图 5-1 显示的是，
1945 年以后美国、德国、日本的人均国内生产总值。可以看出，20
世纪 60 年代之后，美国和战败国（德国、日本）的收入水平就相
差不大了。

如此梦幻般美妙的体系有一个问题，那就是美国的经常项目长
期赤字。发生这种现象有两个原因，首先是因为相对于其他国家的
货币，美元的价值被高估了。第二次世界大战以前 1 英镑可兑换 5
美元，二战刚结束时 1 英镑可兑换 3.6 美元，到了 1950 年兑换比率
更是跌至 1 ：2.8。这使美国人感觉到了进口商品的魅力。

还有一个原因是德国和日本等二战战败国经济的急速增长。从国
民的人均收入中，可以看出战败国在以惊人的速度赶超美国。特别是
德国的汽车产业和机械产业，还有日本的电子产品产业和造船产业，
已形成专业化生产打入美国巨大的消费市场。当然美国产的产品还是
具有压倒性的优势的，可是价格过于昂贵，加上战败国为了保护自己
国家的产业筑起了关税壁垒，所以美国的对外出口额难以增长。

结果，美元不停地从美国外流，而且因为当时实行的是固定汇
率制度，所以汇率得不到调整，美国的经常项目收支状况越来越恶
化。同时对这种现象感到不满的国家也越来越多，最先提出异议的
是法国。

在下一个小节我们来看看美元的危机。

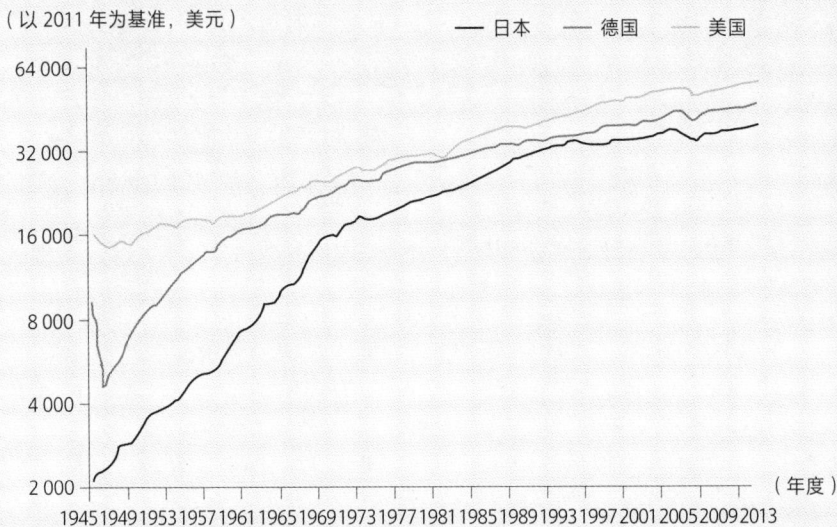

（以 2011 年为基准，美元）　　　　　　　　━ 日本　━ 德国　━ 美国

图 5-1　1945 年以后美国、德国、日本人均收入的变化情况

数据来源：Maddison Project.

　　1945 年第二次世界大战结束以后，经济飞速增长的竟然是日本和德国。战败之后这两个国家一片废墟，可是美国大规模的经济援助和战争（特别是朝鲜战争）给了它们经济迅速崛起的机会。当然，当这两个国家进入了发达国家的行列，人均收入达到美国人均收入的 80% 以后，就再也难以继续缩小和美国的差距了。

尼克松为什么
抛弃金本位制？

　　1945 年到 1960 年间世界经济发展出现了历史上鲜见的强劲势头。经济能在如此长时间内保持强劲发展是因为发达国家追随了美国所经历的"消费的时代"。以电视机、洗衣机、电冰箱为代表的所谓白色家电开始进入发达国家的每个家庭。可是繁荣的时代并没有人们想象的那么长，首先是美国的压倒性优势渐渐地变弱了，而德国、日本等发达国家开始储备美元，美国的经常项目赤字问题开始浮出水面。

　　在这里应该提及一个人，这个人就是罗伯特·特里芬（Robert Triffin）。他在其 1960 年所著的《美元与黄金危机》中尖锐地指出了美元替代黄金地位的国际体制的问题。他的主要观点是，世界经济的增长需要充足的货币供应，而为了供应充足的货币，美国需要不停地印制美元，但是问题在于，美国是在自己的金库里没有充足的黄金储备的情况下印钱。原则上来说经常项目如变为赤字，美国保有的黄金也应该减少，但是美国的货币供给不仅没有减少，反而因越南战争（1961—1975）的开始增加了。

　　这时候首先提出质疑的是法国。第二次世界大战时的英雄、法国总统戴高乐对美元主导的国际体制怀有不满。他不断地要求将所持有的美元换成黄金。不仅如此，以法国为首的欧洲各国都对从属于美国的现状强烈不满。戴高乐总统因 1968 年的"五月风暴"辞职，法国的黄金兑换问题好像暂时告一段落，但再次引发问题的是民间的黄金投机。这次民间的黄金投机导致国际黄金价格在 1971 年上涨到了 1 盎司 44 美元。这次要求将持有的美元兑换成黄金的不仅是法国，还有比利时。当时黄金和美元的官方兑换比率为 1 ∶ 35，也就是说，只要在美国用美元换取黄金，然后投放到国际市场一卖就能赚到 1 盎司 9 美元的利润。

当时美国能做的有两种选择：第一，再一次调整黄金和美元的兑换比率；第二，抛弃金本位制。如果采取第一个方案，似乎是向投机势力屈服，由此可能导致更多的黄金投机行为，所以美国只能放弃第一个方案。最终，在 1971 年 8 月 15 日，尼克松总统宣布中止黄金兑换美元的交易，新的金融秩序从此形成。经济史学界称之为"尼克松冲击"（Nixon Shock）。美元成为了对黄金没有兑换义务的"不可兑换货币"。

货币的发行摆脱了"黄金的桎梏"变得自由，可以说是改变了世界经济的基本格局。这一事件以后发生的最大变化就是通货膨胀。在尼克松政府改革国际货币体系之前，货币的供给取决于黄金的储备，但是当供给货币无关黄金储备时，整体经济开始出现通货膨胀的迹象，因为各国银行可以无视黄金的流入流出，随意发行货币。人们预测可能会发生像 1923 年德国那样的通货膨胀，都开始抛弃货币换取实物资产。

1971 年尼克松废止了黄金和美元的兑换，建立了新的金融秩序

　　这时候人们首选的实物资产是黄金和白银。自公元前 600 年吕底亚国王克罗伊斯制造出最早的金币以来，黄金在数千年间担负着货币的功能，此时人气飙升是理所当然的事情。图 5-2 展示的是 1871 年以后国际黄金和白银的价格走势，从图中可以看出 1 盎司黄金的价格在 1971 年是 35 美元，而在 9 年后，也就是 1980 年冲到了 1 盎司 586 美元。而 1971 年白银的价格仅为 1 盎司 1.38 美元，在得克萨斯的富豪亨特兄弟的投机事业达到巅峰的 1979 年，白银价格竟冲到了 1 盎司 28 美元。

　　但是那些曾经坚信黄金价格会持续上涨的人们在之后的 20 年不得不经历黄金价格漫长的下跌过程，这是因为在布雷顿森林体系崩溃的瞬间，那些蛰伏已久的中央银行开始摆脱束缚，大展拳脚干自己的活儿了。图 5-2 里的阴影部分表示的是经济增长率连续两个季度下降，也就是经济萧条长达半年的时期，显而易见的是在 1971 年之后经济不景气的频率明显减少了。这些都是尼克松政府对国际货币体系的改革带来的影响。下一个小节我们再来看看美联储是怎样控制黄金价格和通货膨胀的。

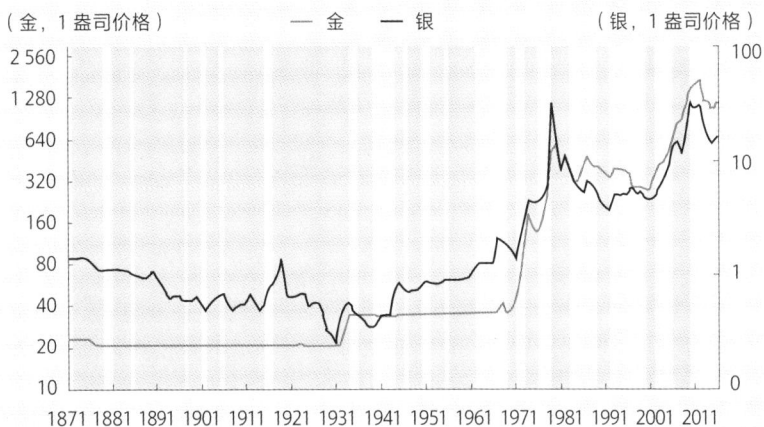

（金，1 盎司价格）　　　── 金 ── 银　　　（银，1 盎司价格）

图 5-2　1871 年以后黄金和白银价格的走势

参见：제레미 시겔（2015）

注：阴影部分为美国国家经济研究局（NBER）判定的经济疲软时期

观察国际黄金价格的走势，可以发现两个分界点。第一次是在 20 世纪 30 年代，第二次是在 1971 年。20 世纪 30 年代的大萧条时期大多数国家废除了金本位制，黄金价格随之猛涨，而到了 1971 年尼克松抛弃金本位制之后出现了历史性的变化。有趣的是，废除与黄金挂钩的经济体制后，经济疲软时期（图标中阴影部分）出现的频率也随之降低，也就是说，金本位制被彻底废除后，世界经济虽然出现了通货膨胀，但总体却持续向好。

沃尔克遏制
通货膨胀

　　让我们分析一下 20 世纪 80 年代初美国的状况，通货膨胀持续了将近 10 年，从黄金兑换美元的价格来看，美元的价值下跌了近 90%，人们不仅对美国经济，对美元的信赖也几乎殆尽。此时美联储新上任的主席沃尔克（Paul Volcker）认为制定政策的首要目标应该是遏制通货膨胀，他把政策利率（联邦基金利率）提高到 20%。这是史上最高的利率，企业家们纷纷撤回了投资，而消费者则被高利率的魅力所吸引开始走向银行。当时的物价上涨率为 14%，银行储蓄利率为 20%，也就是说，实际政策利率为 6%。

　　经济陷入严重萧条后，受负债折磨的农民受到了巨大的打击，愤怒的农夫们开着拖拉机涌向位于华盛顿的美联储总部楼前抗议高利率。但是沃尔克毫不动摇地坚持着高利率政策，直到 1981 年夏天，通货膨胀终于被控制了。如图 5-3 所示，1980 年消费者物价指数上涨率为 14.6%，但是到了 1983 年上涨率降到了 2.36%。

　　从那之后就是一马平川的康庄大道了，确认已无通货膨胀的压力后，美联储开始降低政策利率。1983 年 3 月政策利率降至 3.6%。再加上里根政府强力推进的减税政策，富裕阶层和企业的税务负担也随之减轻了，金融市场也开始得以恢复元气。1980 年 4 月道琼斯

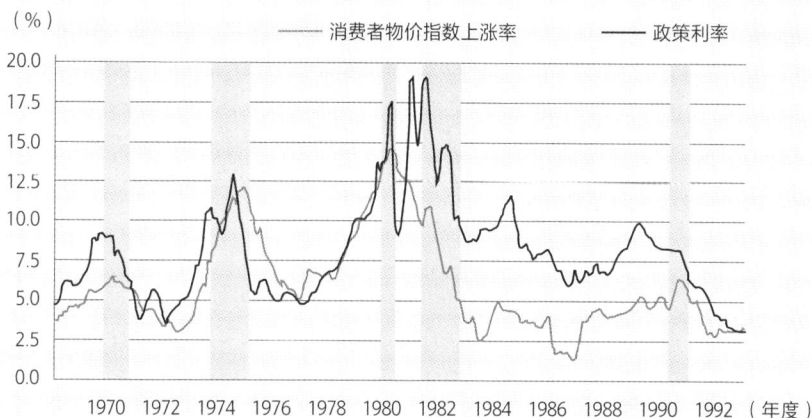

（%）

———— 消费者物价指数上涨率　　———— 政策利率

图 5-3　1980 年前后美国消费者物价指数上涨率和政策利率的走势

数据来源：美国圣路易斯联邦储备银行（http://fred.stlouisfed.org/graph/?g=mQyx）

注：阴影部分为美国国家经济研究局（NBER）判定的经济疲软时期

　　观察美国消费者物价指数上涨率可以发现两个分界点。第一个分界点是在 1971 年，尼克松政府对国际货币体系改革以后，美元信誉度下降和以中东战争为契机发生的石油危机导致消费者物价指数上涨率突破了 10%。第二个分界点是在 1980 年，在第二次石油危机的影响下消费者物价指数上涨率接近 15%，美国政府果断地实行了扩张的财政政策，上调利率，开启了长期的物价稳定时期。特别是在 1990 年前后开始的信息革命导致了生产效率的提升和通信器材设备价格的大规模下降，使美国经济在高增长中也能保持物价的稳定。

指数不过是 817 点，可是到了 1983 年 3 月该指数上升到了 1 130 点。

在这里可能会有人产生疑惑，为什么 1983 年的宽松的货币政策会使经济形势变好，而 1980 年的紧缩的货币政策会使经济形势变坏？我们可以在琼和理查德·斯维尼夫妇在 1977 年发表的论文《货币理论和国会山托儿合作社的危机》里寻找答案。

20 世纪 70 年代，斯维尼一家在美国的国会工作，此时 150 名年龄相近的夫妻们组建了托儿合作社。这个组织和别的互助换工组织一样发行了小票。一个小票可以托付孩子一个小时，照看孩子的夫妇从托付孩子的夫妇那里按时间拿到小票。可是问题来了。这种模式的正常运转，需要相当数量的小票的流通，可是大家都在积攒小票，而不怎么使用它。因此托儿合作社的活动逐渐衰退，想退出合作社的人变得越来越多。

托儿合作社经营惨淡的原因很简单，是缺少"有效需求"，而绝不是因为夫妇们不会照看孩子。大家都在努力地积攒小票而不使用它们，使得整体活动变得冷清、不活跃。

那么该怎么解决呢？合作社提出的方案就是增加小票的发行。怎么增加小票发行呢？很简单，如果一对夫妻好几个月都不使用小票的话，就减少单张小票的托付时间。例如，领到小票后两个月还不使用，那么一张小票的托付婴儿时间就会从一个小时变为30分钟，也就是说引发通货膨胀，阻止小票的积蓄，奖励消费。

这个措施立刻发挥了效力。知道持有小票有价值下跌风险的夫妇们争先恐后地开始使用小票，托儿合作社冷清的景象不复存在了。

在这里小票好比是中央银行发行的货币。中央银行下调利率，增加市场中的货币供应，会引起人们对通货膨胀的预期，促进消费和投资。反之，中央银行上调利率，引导储蓄而不是消费（或投资），降低了人们对通货膨胀的预期，就会开始出现经济萧条。

但是为什么在 20 世纪 30 年代美联储没有采取类似的果断的货币政策呢？那是因为金本位制。出现经济萧条，中央银行施行宽松的货币政策，下调利率，会导致资金流出海外。黄金流出海外，市场中的货币供应量就会减少，使得中央银行下调利率的措施变得无力。为了解决这个问题，需要几个国家一起下调利率，进行国际性的合作。不幸的是，当时世界几个主要中央银行的行长在短期内接连去世，使这个方法无法推进（切不要忘记，当时美联储阻止了纽约联邦储备银行对市场的资金供给）。

1971 年，尼克松政府抛弃了布雷顿森林体系，阻碍中央银行行动的"紧箍咒"（金本位制）消失了。在汇率 1 年内急升 10% 的情况下美国下调了利率，也没有发生资金大量流出的现象。不仅如此，人们还产生利率下调会使经济复苏、股市上涨的预期，致使大规模的海外资金纷纷涌入美国。典型的事例就是，1982—1983 年美联储降低利率近 10%，可外国投资者购入美国股票的总额在这两年分别达到 13 亿美元和 18 亿美元。

当然，并不是美国每次下调利率都达到了预期的效果。只是在没有金本位制约束的环境下，各种因素都会对资金的流动产生影响。现在我们把目光转向 1980 年前后，来看看国际石油价格暴跌的原因。

1986 年的国际油价暴跌
是如何发生的？

　　上文中提到 1971 年尼克松总统废除布雷顿森林体系以后，引起国际黄金价格的急剧上扬，随之上扬的还有国际油价，虽然不及黄金的涨幅大，但也是大涨了。尼克松政府改革之后不久石油输出国组织（OPEC）发表了声明，称将正式提升油价。

　　OPEC 决定：如果 1971 年 8 月 15 日的国际货币体系的改革给石油输出国的实际利润带来负面影响的话，OPEC 成员国将会采取必要措施（提价）以抵消所产生的每桶油的损失。

　　OPEC 之所以要提升原油价格，是因为石油出口的货款是以美元结算的。也就是说，如果任凭美元价格下跌的话，那么以沙特阿拉伯为首的石油输出国只有破产一条路。但是在声明发表之后，OPEC 并没有立刻提升原油价格。因为美国作为世界霸主很强势，而中东的产油国都独立不久，不得不看发达国家的脸色。

　　正在这个时候第四次中东战争（1973 年）爆发了，它给了 OPEC 提升油价的正当理由。当时埃及和叙利亚为了夺回 1967 年六日战争（第三次中东战争）中被以色列占领的西奈半岛和戈兰高地，

1973 年 10 月 7 日，埃及军队正在渡过苏伊士运河大桥

分别向两地发起进攻。当时的美国和苏联在战争期间都向自己的同盟国提供了大量物资，所以这场战争可看作是两个大国间接的角力。在战争初期苏联支援的埃及－叙利亚联军占据了优势，但随着美国支援的以色列开始反击，战局发生了逆转。埃及军队为防止叙利亚丢失戈兰高地导致被以军入侵本土，开始加强对以军的攻势。但是在这个过程中埃及军队给了以色列军队喘息和反攻的机会，因此被以军逼退到苏伊士运河。但是以色列并不想扩大战争规模，埃及－叙利亚联军也认识到很难再扭转战局，所以双方在 10 月 25 日宣布停战。

战争在短时间内结束了，可是留下的后遗症并没有那么容易消

受 1973 年发生的第一次石油危机的余波影响，美国在 1974 年发行了汽油配给票（Gasoline ration stamps），但并没有投入使用

失。中东国家认定是美国支持以色列战胜了埃及－叙利亚联军，所以发表声明，禁止向以美国为首的西方国家输出石油，由此国际石油价格开始急速攀升。1973 年 6 月国际油价不过是每桶 3.6 美元，可到了 1974 年 1 月急升到每桶 10.1 美元，第一次石油危机爆发了。

特别是 1979 年 2 月，伊朗亲美的巴列维王朝垮台，新上台的政府坚持反美路线，国际油价一路飙升，再加上伊拉克政府在 1980 年 9 月进攻伊朗，引爆了第二次石油危机。直到 1979 年 1 月石油价格还是每桶 14.8 美元左右，可到了 1980 年 4 月直接飙升到每桶 39.5 美元。

（美元）　　　　　　── 国际油价　　── 实际政策利率　　（％）

图 5-4　1972—2002 年国际油价和实际政策利率的走势

出处：美国圣路易斯联邦储备银行（http://fred.stlouisfed.org/graph/?g=mQzO）

注：阴影部分为美国国家经济研究局（NBER）判定的经济疲软时期

　　观察国际油价的走势很容易发现，它和美国的实际政策利率走势正好相反。最为典型的例子就是 1980 年。实际政策利率从负变正的瞬间，油价达到了历史性的最高点并随即下降。出现这种现象是因为美元的实际政策利率上升导致了持有美元的实际利润的增长，此时持有美元资产成了首选，进而投资需求下降，这使对经济形势敏感的原油需求也随之下降。

不过第二次石油危机的冲击没有持续太久。1983 年 2 月油价下跌到每桶 29.0 美元，而到了 1986 年 3 月最终跌至每桶 12.6 美元。石油储藏量占世界第二位和第四位的伊朗和伊拉克实际上在 1988 年中断了石油生产，可是石油价格为什么还能暴跌？

最直接的原因是美国上调了利率，特别是实际政策利率。从图 5-4 可以看出，美国的实际政策利率在 20 世纪 80 年代初期上升了 8%，这使持有美元资产的实际利益变大了。实际政策利率是指政策利率减去消费者物价指数上涨率的部分，是去掉通货膨胀还能赚取的实际的银行储蓄利息率。也就是说，对于那些货款以美元结算的产油国来说，美元价值的上升使他们没有动机提高原油价格。

随着人们对美元价值上升的预期升高，以商品为主的所谓非美元资产投资的魅力自然就会减弱。从 1971 年尼克松政府对国际货币体系的改革可以看出，以黄金为主的全世界的商品价格飙升的最大原因，是美元作为国际储备货币地位的动摇。相反，如果美元的地位和从前一样非常稳固的话，人们就没有必要特意投资像原油和黄金那样变动性大的所谓"风险资产"。

以 1980 年为节点，国际油价的飙升态势趋于稳定，这我们可以理解，可是从 1983 年开始，美国的实际政策利率下跌，国际油价为什么会下滑呢？要想理解这一点，首先有必要掌握商品市场的特性。

为什么商品市场
以 20 年为周期运转?

1983 年之后国际油价经历了长时间的下滑,其原因是"供需不均衡"。有预测称,1973 年之后国际油价将持续上升,高油价时代将持续下去,因此企业和消费者都在大规模地调整方向。

首先是发达国家的消费者增加了对燃料消耗率较低的小型汽车的消费。1986 年现代汽车公司出口到美国的"PONY EXCEL"型号汽车,年销售量超过 16 万辆,足以说明当时消费者们对小型汽车的热衷程度。加之当时的福特政府对汽油课税 14%,对进口汽油实施一加仑收 10 美分税等措施,也对石油消费的萎缩起到了决定性作用。

图 5-5 显示的是美国的原油消费量和国际油价的关系,可以看出在原油价格急升的 2—3 年之后美国的原油消费量急剧减少。因为人们对一时的变化反应不那么迅速,可一旦发现这个变化会对自己的生活产生持续影响时就会果断采取措施加以应对。

不仅是消费者,企业也开始大规模调整对策。首先对以前因费用问题不敢涉足的大陆架和深海油田开发增加了投资。随着美国和苏联的冲突缓和,苏联生产的原油供给到西方也是引起变化的一个重要因素。直到 1965 年,苏联的石油年生产量仅为 2 亿吨,而到了 20 世纪 80 年代初则达到了 6 亿吨。

"PONY" 是 1975—1990 年间现代汽车公司生产的后轮驱动小型
车（PONY 即"小马"的意思）

　　这里可能有人会问，国际油价是从 1973 年的第一次石油危机开始上升的，那么为什么石油生产量到了 20 世纪 80 年代初才开始增加？我也曾长时间地抱有这个疑问。此处引用世界著名投资专家吉姆·罗杰斯（Jim Rogers）的观点来解答这一疑惑。

　　设想一下有一个想开发铅矿的企业家。他很清楚，在过去 25 年间世界上投入生产的铅矿只有一处，而中国和印度的经济高速增长使铅的需求量越来越大。铅最大的用途是制造油漆和汽油，但是最近因环境污染问题铅的使用量减少了，可是印度和中国对铅蓄电池的需求却大大增加了。

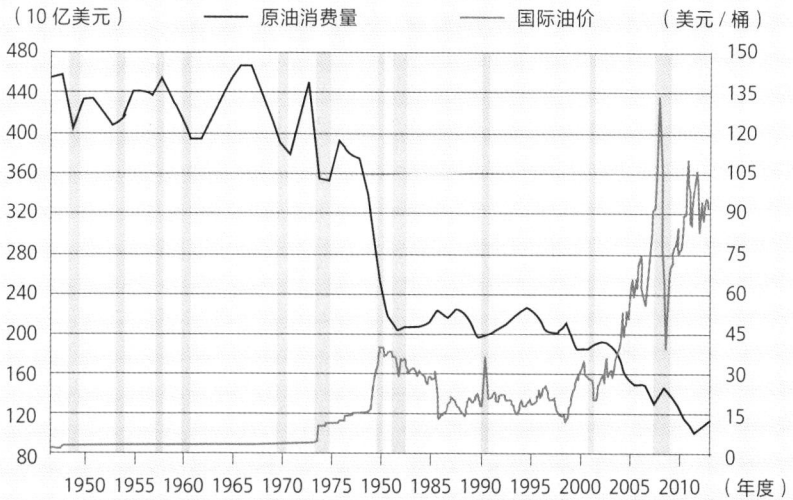

（10 亿美元）　　　── 原油消费量　　　── 国际油价　　　（美元 / 桶）

图 5-5　美国的原油消费量和国际油价变化

数据来源：美国圣路易斯联邦储备银行（http://fred.stlouisfed.org/graph/?g=mTLr）

注：阴影部分为美国国家经济研究局（NBER）判定的经济疲软时期

　　上图显示的是美国原油消费量和国际油价的关系。可以发现油价越高，原油消费越是持续下降。最为典型的例子是 20 世纪 70 年代，美国原油消费量从每年 4 400 亿美元一下子降到每年 2 000 亿美元的水平。原油消费量的减少是因为原油价格上升，此外，还由于燃油效率较高的汽车使用比重有所增加。总之，消费模式发生了转变。

当然，只要寻找铅埋藏量大的矿山进行开发就可以了，但是开发铅矿山有许多的问题。首先是以华尔街为首的全世界的投资银行对 10 多年来铅价下跌的情况了如指掌，所以对铅矿开发会持怀疑态度。还有环境保护组织和政府也许会对铅矿开发设定种种限制。……想要通过所有这些过程会需要短则数年、长则十几年的时间（平均需要 18 年），这就需要投入比预算多得多的资金。

如果这种努力得到了很好的回报，铅价开始上升，开发者当然会大赚一笔。但是一夜暴富的美梦使得众多的创业者都去开发铅矿会发生什么事呢？如果发生经济危机，对铅的需求一下子冻结了怎么办？

当铅价超过均衡点的瞬间，它就会转向，并向着无底洞下滑。投入了 10 多年的心血和几百万美元（或者几千万美元）的资金开发了铅矿，不能因为铅价下跌 10%—20% 就停止铅的生产，哪怕只能赚出人工费用，企业也会无视日益下跌的价格继续进行生产。而这种做法会使得均衡点更加难以实现。最终的结果要么是收益差的铅矿关门，要么是生产铅电池企业的铅库存耗尽，不然的话，铅价格的下滑是不会结束的。

这种现象在经济学界被称之为"前置时间"（lead time）。前置时间是指从客户下单订货到企业完成订单交货的时间，像住宅和某些商品那样前置时间长的产业，它们的需求和供给的失衡是不容易迅速解决的。1973 年开始的高油价时代持续了 10 年的原因就在这里。供给开始增加的话，接着出现的就是难以逆转的价格下滑的趋势。虽然 1990 年 8 月爆发的海湾战争导致油价一度暴涨，但是随着需求的减少，油价还是接续了 20 世纪 80 年代初期开始的下滑趋势，低油价维持了 20 年左右。

给我们的启示

——

不要和央行作对

第五章我们分析了尼克松政府改革了国际货币体系以后的市场，得出的启示是"不要和央行作对"。从金本位制中被解放出来的中央银行比以往任何时候都具备采取果断措施的能力。就像1980年那样，美联储可以将利率上调至20%，也可以像1983年那样将利率下调到3%。

1929年大萧条时期，中央银行不仅被金本位制捆住了手脚，还热衷于"清算主义"，所以很难及时地应对危机。但是在1971年以后，中央银行可以很从容地按形势的需要上调或下调利率，使得经济的循环周期变长，也能降低资本市场的振幅。

从图5-6中可以看出，如果美联储的实际政策利率上升，股票价格就会暴跌，反之，股票价格就会急升。

导致这种情况出现的原因有两个。第一，实际政策利率一高，股市投资的魅力就会下降。无风险投资的利息上升使资金从股票市场流向银行储蓄，这对股票市场的打击是直接的。

第二，实际政策利率一高，那些被预估为成功率较低的投资项目会中断，失业率会上升。不仅如此，因为消费者的储蓄倾向变得强烈，

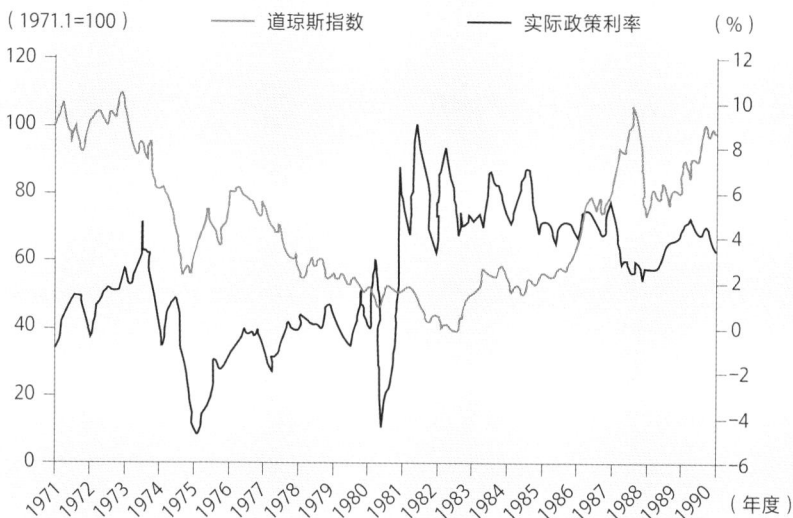

图 5-6 道琼斯指数和实际政策利率的走势

数据来源：美国圣路易斯联邦储备银行
　　股票市场的长期走势和实际政策利率关系紧密是理所当然的事情。实际政策利率上升，人们当然首选银行储蓄等安全资产，而不是股票。因为人们担心利率上调引发的经济低迷会导致企业业绩的下滑。相反，中央银行采取下调实际政策利率等宽松的货币政策时，股票价格的走势会上升，所以投资者有必要注意观察中央银行的货币政策。

经济整体的增长势头会随之减弱。这种现象直接导致企业对业绩前景的悲观，而股票价格的下跌使得持有股票的投资者资产遭到损失，紧随其后的当然是雪上加霜的消费下滑，由此产生恶性循环。因此，实际政策利率的直线上升会增加整体经济疲软的可能性。

在这里有必要指出的是，1971 年尼克松政府改革了国际货币体系之后，经济的循环周期变得越来越长了。对于判定美国经济在什么时候滞胀和在什么时候复苏，美国国家经济研究局（NBER）认为，一般情况下经济增长率连续两个季度下降就视为经济疲软。根据这一标准，美国从 1854 年到 2009 年总共经历了 33 个经济周期。

令人惊诧的是，从 1854 年到 1919 年，在金本位制盛行的时期，平均一个经济周期仅为 48.2 个月，也就是说，平均每四年经济就由好变坏循环一轮。但是从 1919 年到 1945 年，一个经济周期的平均持续时间延长到了 53.2 个月。特别是从 1945 年到 2009 年，一个经济周期已经延长到平均 69.5 个月了。相比过去，经济强劲期变长了。

作为参考，美国经济在 2009 年 6 月触底以后，到我正在写本书时（2019 年 2 月），一直处于强劲状态。除了从 1991 年 3 月到 2001 年 3 月近 120 个月的经济强劲期之外，这是历史上第二持久的经济强劲期。

当然废除金本位制带来的并不是只有好处。它会增加通货膨胀的压力，就像我们将在第六章中看到的日本的情况一样，如果决策当局不能适当地控制资本市场的泡沫，就会出现不可控制的局面。让我们一起在第六章仔细研究一下日本的事例。

The History Of Money

第六章

日本经济
是怎样崩溃的？

给我们的启示

◆ 泡沫破灭时要大胆、
及时地实行宽松的货币政策

The History Of Money

《广场协议》
是怎么来的？

　　1971 年尼克松政府改革国际货币体系之后，特别是浮动汇率制度普及后，世界金融市场发生了巨大的变化。在这里补充几句关于汇率的话，汇率意味着一个国家货币的相对价值。就像日本是日元，美国是美元一样，世界各国都有自己的货币，各种不同货币的兑换比率称之为汇率。例如，韩元对美元汇率为 1 100，说明 1 美元可兑换 1 100 韩元。

　　那么汇率在波动的时候我们会受到怎样的影响？让我们简单地举个例子看一下。假设昨天 1 美元可兑换 1 100 韩元，可今天 1 美元可兑换 1 300 韩元（美元增值），那么昨天在美国售价为 1 000 美元的苹果手机用 110 万韩元就能购买，可是今天价格上涨到 130 万韩元，就要比昨天多支付 20 万韩元。在同一时间如果韩国的三星 GALAXY 笔记本电脑的价格还停留在 100 万韩元的话，就会有比以前更多的人想购买三星 GALAXY 笔记本电脑。当然对消费者来说选择范围变小了。特别是像三星 GALAXY 笔记本电脑那样没有替代品的产品，如汽油、轻油等，汇率上升的时候其影响会直接反映在售价上。

　　反之，如果昨天 1 美元可兑换 1 100 韩元，今天突然降为 900

韩元了(美元贬值),会发生截然相反的现象。在美国 1 000 美元
的苹果手机价格换算成韩元,从昨天的 110 万韩元降到今天的 90
万韩元,降了 20 万韩元。而三星 GALAXY 笔记本电脑等韩国产品
则显得相对价格偏高。韩国的消费者可以以相对便宜的价格购买海
外进口产品,汇率的下降提高了购买力。

　　那么汇率是怎么波动的?和其他所有商品一样,买方占优势会
上升,反之,卖方占优势就会下降。那么买方在什么时候会占优势
呢?如果美国的进出口贸易有大规模的赢利,或者美国的利率相比
于别的国家的利率有压倒性优势的时候,人们对美元需求就会增长。

　　20 世纪 80 年代初就是这样的状况。当时美元显示出来的强势
是因为美联储主席沃尔克强力推行的利率上调政策。结果相比别的
国家美元利率高出许多,而且美联储也坚定表态,在通货膨胀完全
消除之前将维持高利率政策。全世界的投资者对此的反应是开始重
新信赖美元。

　　但是随着美元的持续强势,美国经常项目收支赤字问题开始显
现出来。1980 年第二次石油危机时,美国的经常项目收支赤字不过
是 255 亿美元,可到了油价下跌的 1984 年却增长到 1 125 亿美元。
反观日本,除了石油危机期间,其国际贸易一直在赢利,特别是到
了 1984 年,得益于汽车出口利好,经常项目收支顺差竟扩大到 350
亿美元。

　　当然美国的贸易逆差和日本的贸易顺差不能只用"汇率"一项
来解释。但美国的里根政府当时判断,通过调整汇率可以解决经常

项目收支的赤字问题。1985 年 9 月 22 日，美、日、英、法、德五国的财政部长及央行官员等在纽约广场饭店召开会议（下称广场会议），达成了如下协议。

1. 为了改善美国的国际贸易收支情况，将引导日本日元和德国马克升值。

2. 如果进展不顺利，政府将介入以达成目的。

《广场协议》签订以后，日本、美国还有德国的中央银行都出面强势介入市场以降低美元价值，同时也申明了其坚定的态度：哪怕急剧调整政策利率，也要降低美元的货币价值。这些举动成功地改变了市场的氛围。对冲基金（hedge fund）^①的集资人迅速作出反应，开始卖出美元，紧接着商业银行也加入了卖方行列，日元汇率开始急剧下降了。

在《广场协议》签订之前，日元对美元的汇率是 242，9 月末是 216，10 月末是 211，到了 11 月末则降至 202。如果是放到现在这种事情完全是不可思议的，但在当时为了共同抵制苏联，这些国家有一种同为一个战壕里的战友的意识。再加上德国、日本、法国等国对美出口额巨大，它们是难以拒绝美国调整汇率的要求的。

那么经历了汇率急剧下跌的日本，经济会发生怎样的情况呢？

---

① 是指金融期贷和金融期权等金融衍生工具与金融工具结合后以营利为目的的金融基金。它是投资基金的一种形式，意为"风险对冲过的基金"。集资人采用各种交易手段进行对冲、换位、套头、套期来赚取巨额利润。有别于公募资金，作为私募基金，对冲基金的集资人往往不满 100 人，形成伙伴关系之后再找一个能避税的地方进行活动。

1985 年 9 月广场会议在纽约广场饭店召开。左起为德国、法国、美国、英国、日本的财政部长

日元对美元的汇率几乎达到腰斩的地步,进口商品的价格开始下降。进口商品的价格下跌了,日本国产的各种商品也只能跟着下调价格,特别是出口企业,它们不得不在比以往艰难得多的环境下竞争。全日本都被一种恐惧笼罩着,那就是日元如果持续升值,势必导致所有出口企业关门大吉。

为了对付这种所谓的"日元走强导致的经济不景气",日本中央银行采取了下调利率的政策。再贴现率由《广场协议》前的 5% 跌至 1987 年初的 2.5%,日本经济开始活跃了。出口贸易虽然依旧不景气,但是日本国内的经济开始繁荣起来。对购买房地产和汽车等需要大额资金的消费来说,因为需要贷款和分期付款,利率高低就会产生很大影响。因为房地产、汽车等大宗产品的消费增加,企业开始扭亏为盈。而由于日元升值使出口竞争力下降的日本企业,开始转向国内消费市场，并投资到房地产市场以及度假村等娱乐设施的建设项目中。

商品价格的下跌对改变市场氛围也起了很大作用。1985 年末每桶 30 美元的国际油价到了 1986 年初开始急剧下跌，1986 年末跌到每桶 15 美元。国际油价的下跌对日本经济有两大好处。其一，对原油全靠进口的日本来说，油价的下跌意味着物价的稳定。其二，有利于经常项目收支状况的改善。因日元走强，日本的出口竞争力减弱了，但是原材料进口价格的下跌意味着进口货款的负担有所减轻，出口竞争力得到适当提升。这有效地防止了经常项目收支的进一步恶化。

在日本经济为了摆脱日元升值带来的冲击而挣扎的时候，美国人却在开酒会庆祝。随着美元贬值，出口企业的竞争力得到了提升，经常项目收支的赤字也开始减少。特别是和日本等国家展开激烈竞争的美国的汽车行业终于可以喘口气了。但是 1985 年 9 月的《广场协议》带来的不仅仅是美元贬值，它所引发的问题远远比这复杂。我们将在下一节中进一步探究。

全 图 6-1　1985 年前后日元对美元的汇率（左侧）和日本的政策利率（右侧）的变化情况

数据来源: 美国圣路易斯联邦储备银行（http://fred.stlouisfed.org/graph/?g=mR2d）

注: 阴影部分为美国国家经济研究局（NBER）判定的经济疲软时期

　　从图中可以发现，1985 年 9 月《广场协议》签订之后，日元对美元的汇率急剧下降。为了缓和日元迅速升值引发的冲击，日本中央银行将利率下调至 2.5%，最终诱发了资产市场的泡沫。

美国的"黑色星期一"
捅破了日本资产价格的泡沫

    1985 年 9 月《广场协议》签订以后美国经济和证券市场迎来了繁荣发展，因为企业的竞争力增强了，加上日本等其他发达国家同步实行了下调利率的政策，又带来了刺激经济发展的效果。但是繁荣的盛况未能持续两年就遭遇了被称为"黑色星期一"的、前所未有的股市暴跌事件。所谓"黑色星期一"指的是 1987 年 10 月 19 日星期一开始的股灾，导致该年 10 月美国的道琼斯产业指数暴跌竟达到 22.6% 的事件。此后，在股市上发生股价暴跌事件时常用"黑色星期一"来形容。

    关于"黑色星期一"发生的原因有多种说法，相对较多的学者们认为这是由对美元贬值的忧虑引起的。1985 年 9 月签订《广场协议》之后美元的贬值一直在持续，有不少投资者开始担忧受到外汇损失的外国投资者会离场。可以参考的是，在 1985 年一年里，外国投资者在美国证券市场购买美国股票的纯买入额达到 16 亿美元，在 1986 年涨到 62 亿美元，特别是到了 1987 年，1—9 月间这个数额竟已达到 78 亿美元。这些外国投资者确实是推动美国股票价格上涨的一等功臣。因此当时的状况并没有迹象表明外国投资者要离场。

    但是当时的金融市场参与者们都有一种恐惧感，生怕这些外国投资者会突然离场，特别是当时任美联储主席的阿兰·格林斯潘在1987年9月5日把再贴现率从5.5%上调到6.0%时，投资者们更加确信证券市场即将萎缩。格林斯潘上调利率的措施是为了防止经济过热，可是大多数市场参与者认为，这是阻止美元贬值的信号。还需要特别指出的是，那年10月14日发表的美国9月份的贸易收支显示出史上最大规模的赤字，市场对美元贬值的预期更加笃定了，投资者们对这些状况的直接反映就是离场。

对"黑色星期一"的冲击起推波助澜作用的还有"投资组合保险"。在"黑色星期一"之前，在美国金融市场有个叫作"投资组合保险"的新商品很流行。简单地说，它就是"即使市场暴跌，也能确保资产价值不会跌破事先预定水准"的保险战略。这个保险战略之所以行得通，是因为从1983年开始美国证券交易所以标准普尔500指数等主要股价指数为基础开启了股指期货交易（Futures）。期货交易是当事者在预先定好的时点（韩国是分别在3、6、9、12月，第二周的星期四）交割预定数量商品的交易。

换句话说，"投资组合保险"就是拿出全部资产的一部分做卖出期货的契约，也就是为应对股价暴跌的风险，先做好卖出股票的契约。在"黑色星期一"前后，证券市场的异动扩大，导致连那些没有采取风险分散战略的投资者也开始抛售期货，金融市场形成了一种单向的趋势。期货的抛售诱发了大规模的股票卖出，这导致股价下跌，惊魂不定的投资者再一次卖出期货，这就形成了一种恶性循环。

时任美联储主席格林斯潘

　　"黑色星期一"使金融市场的参与者们回想起已经忘却的创伤——1929 年的大萧条。特别是当"黑色星期一"的股价暴跌水准超过了 1929 年的"黑色星期四"的暴跌水准（-21％）的时候，恐惧感达到了顶点。但是 1987 年的美联储和 1929 年的美联储已经不能相提并论了。1929 年的美联储不仅没有扩大货币供给，还在经济危机达到巅峰的 1931 年提高了利率。1987 年"黑色星期一"发生当天，美联储主席格林斯潘就宣布将"充分地供给货币，并下调利率"，紧接着美国财政部长贝克访问德国，与德国财政部长及中央银行行长会晤,请求下调利率。这些努力取得了成果,在1987年的最后一天,道琼斯指数达到了 1 938 点,比"黑色星期一"之后的最低点上升了 200 点。美元价值也在 1987 年末趋于稳定。也就是说,以美联储为首的世界主要国家的中央银行齐心协力解除了金融危机。

这件事情到这里为止是相当成功的案例。可是"黑色星期一"在日本引发了严重的问题。这是因为美国的决策者们向德国、日本等发达国家的中央银行提出要求:"为了避免此次事件发展成更为严重的金融危机,世界主要国家的中央银行要一同施行宽松的货币政策。"为什么这个要求产生了问题,我们在下一小节进行分析。

（1973.3=100）

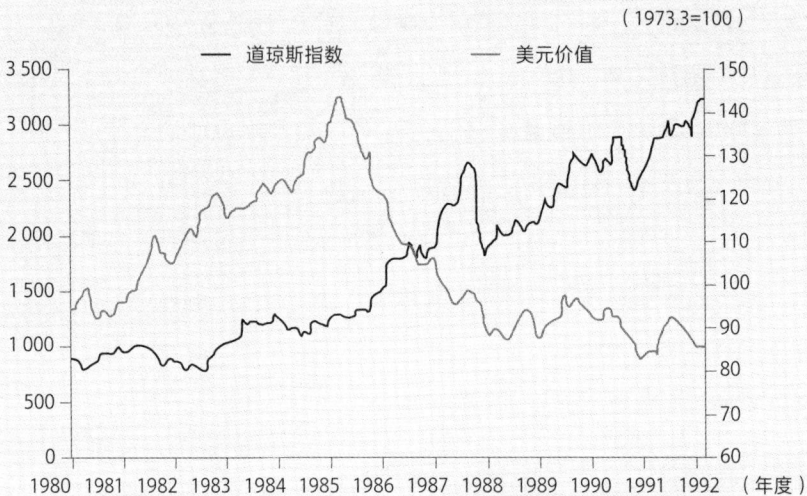

图 6-2 "黑色星期一"前后道琼斯指数（左侧）和美元价值（右侧）的走势

数据来源：美国圣路易斯联邦储备银行

　　受《广场协议》签订之后开始的美元贬值的影响，美国的股价开始急速上升。但是市场参与者们开始忧虑外国投资者有可能因美元贬值而离场，也忧虑德国等发达国家的中央银行的利率上调会加剧美元贬值，这种忧虑开始在整个市场蔓延，最终美国股票市场迎来了"黑色星期一"。

日本的股票
贵到什么程度？

　　在"黑色星期一"前夕，日本中央银行曾认真研究过上调利率的问题，因为国内经济在顽强地恢复，证券市场也开始转向牛市，种种迹象表明，"日元升值引起经济疲软"的焦虑正在逐渐地缓解。

　　1985 年末，日本的日经指数（根据东京证券交易所第一市场上市的 255 家公司的股票价格算出的平均股价）达到了 13 083 点，到了 1986 年末上升到了 18 821 点，在 1987 年 1 月 30 日该指数更显示出要突破 2 万点的强劲趋势。特别是每股纯利润和股价比率，即市盈率（PER）以 1986 年末的股价为基准上涨至 49.2 倍，这已经显示有很大的风险了。如果考虑到从 1965 年到 1986 年的平均市盈率是 23.6 倍的话，1986 年末的日本证券市场的股票价格被高估了 2 倍以上。

　　1986 年末上任的美联储主席阿兰·格林斯潘停止了原有的低利率政策，采取了上调利率的政策，此事成了日本中央银行研究是否要变更政策基调的一个重要契机。如果美国上调利率，那么日本即使上调利率也能减少日元升值带来的风险。当然不能只根据利率差来决定汇率，但是如果两个国家的条件相似的话，谁都会首选哪怕是利率微高的国家货币。总之，在 1987 年上半年，日本中央银行

1986 年到 1991 年的所谓"泡沫经济"期间，因房地产和股票价格的高涨日本投资者资产大幅增加。当时日本企业开始大肆购买海外的房地产，1989 年三菱分公司用大约 2 000 亿日元购买了洛克菲勒中心

是应该上调利率的。

但是可惜，日本"错失良机"了。如果日本在 1987 年上半年提高利率，那是最为理想的。可是日本在犹犹豫豫，还未作决断的时候，就忙不迭地参加了"黑色星期一"后美国所倡导的"国际合作"，结果拖到 1989 年还未能果断地施行上调利率的政策，这导致史上鲜见的股市泡沫。在这里对"泡沫"说两句。资产价格达到什么水准才算泡沫，其实很难准确地判断。这里提供一个很实用的判断标准，那就是从证券市场中炒股者的角度来看，如果卖股票的诱惑远远超出买股票的诱惑，那么此时股票价格就含有泡沫了。

假设 20 世纪 80 年代末，某个企业家计划在日本证券市场上市。

但是股票市盈率（PER）只不过是 4 倍的话，他不会选择上市。因为股票上市的最终目的是筹措资金。如果每股的期望收益率（每股纯收益／股价 ×100%）是 25% 的话，考虑到当时日本银行的利率也不过是 2.5%，在这种情况下与其上市，不如直接从银行贷款。也就是说，当证券市场陷入熊市，上市企业的股票市盈率很低的时候，企业的增资活动也好、上市冲动也好，都会大大减弱。

在股价变高的时候，就会出现相反的局面。像在 1989 年的日本，那些没有什么盈利、毫无前途可言的企业股票也能以 100 倍的市盈率交易，每股的期望收益率只有 1%，而债券利率却超过 6%。精明的经营者会做什么样的选择，那是不言而喻的，他会不断地增资筹措资金然后把钱投到债券上。

在过去的 2000 年，高斯达克市场（KOSDAQ，韩国股市）产生泡沫时，通信产业把增资流入的资金投入到房地产是很合理的行为。因为在银行利率很高的情况下，如果股票的市盈率急剧上升的话，股票的供给就会无限地增加，随着股票供给得越来越多，股票市场就会渐渐地失去上升的动力。

那么 20 世纪 80 年代后半期，日本的股票市盈率曾经是多少倍呢？如图 6-3 所示，20 世纪 80 年代末日本股票市场的股票市盈率达到 67 倍左右，可想而知股票昂贵到什么程度了。

当然，当时的日本股票市场的参与者们认为，这是因为"每股净资产（BPS）高，所以不能视为泡沫"。1989 年日本上市企业的股价达到每股净资产价值的 4 倍以上。也就是说，既然企业保有的

市盈率（单位：倍）

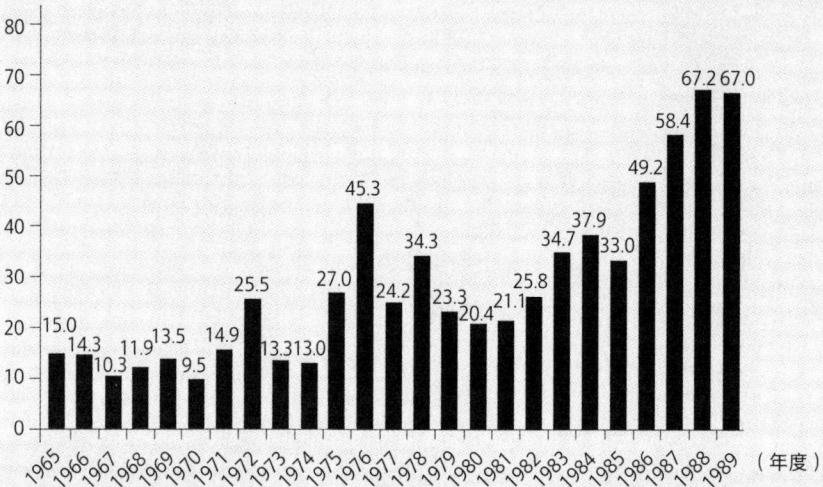

图 6-3　1965 年以后日本股票市场市盈率（PER）的变化

参见：로렌 템플턴, 스콧 필립스（2009）

　　1989 年泡沫经济时期，日本股票的市盈率竟达到 67 倍。股价为每股净利润 67 倍的企业，其特点是成长相当迅速。可考虑到日本经济已经处于人均收入达到 4 万美元的成熟阶段，出现如此高的市盈率，除了"泡沫"再没有别的什么解释了。

资产价值很高，那么企业的收益也应该维持在比资产价值高 4 倍的
水准。但是如前文所述，每股的期望收益不过是 1%，不管从哪个
角度看，日本的股票市场都已经充满了泡沫。

为什么日本房地产市场存在
"加拉帕戈斯"现象?

　　20世纪80年代末,在日本比股价暴涨更成问题的是房地产价格。股票市场的冲天牛市使得企业的增资和上市都变得很容易,银行的企业贷款额度也随之大幅减少了,银行开始把闲置的钱投向房地产市场,使原本就昂贵的日本住宅价格变得更加昂贵,其上升速度也令人瞠目结舌。

　　银行的房地产相关贷款额度在 1988 年是 31.448 6 兆日元,到了 1990 年涨到了 42.426 9 兆日元,个人住房贷款额度在 1988 年是 25.164 兆日元,到了 1990 年急升到 38.150 9 兆日元。不仅是房地产商,还有企业家们也都涌进了房地产市场投资。从 1985 年起,每年的股市融资(有偿增资、新股认购权、可兑换公司债券等)规模都达到 4 兆日元左右,1989 年更是大幅上升到 26 兆日元,企业开始把这笔资金投向房地产市场。企业的纯购买土地规模也从 1985 年的 3.8 兆日元和 1988 年的 6.5 兆日元增长到了 1989 年的 10.0 兆日元。

　　用钱赚钱的理财时代开始了,房地产市场开始以惊人的速度增长、扩大。1984 年前后地价指数只不过是 100 点,到了 1990 年急升到 160 点,特别是东京、大阪等大城市的地价指数已经冲到 300

点了。

要了解当时日本的房地产价格到底高到怎样惊人的程度，作个世界范围的比较就更清楚了。根据卡塔琳娜·克诺尔（Katharina Knoll）等研究者们发表的论文《房价之外无他可比——1870—2012年全球房产价格研究》（"No price Like Home: Global House Price, 1870-2012"），世界的房地产可分为"日本房地产"和"日本以外的房地产"。如果将1913年的平均地价指数定为100点的话，美国、英国、加拿大、澳大利亚等12个国家的实际房地产价格在100年间大约上涨了4倍，但是日本房地产价格的走势不同于别的国家。从1913年到1990年其实际房地产价格大约上涨了31倍，然后在25年间大约下跌了50%。和别的国家房地产价格保持持续上涨相比，日本的房地产市场表现出一种"加拉帕戈斯"现象。

为什么日本房地产价格的走势不同于其他发达国家呢？相比于其他发达国家，日本的经济增长速度快，城市化的推进也很迅猛，这些毫无疑问都是1955—1973年日本房地产价格上升的原因。但是那以后房地产价格依然保持上涨，就只能在1985年《广场协议》之后低利率环境造成的"泡沫"里寻找了。

就这样，史无前例的房地产价格的疯狂上涨让日本中央银行坐不住了，最终在1989年5月30日将利率提高了0.75%（从2.5%提高到3.25%），这是1980年8月以后第一次上调利率。但是日本的房地产市场并不受影响。1989年日本全国的地价指数和前一年同期相比上升了9.6%，大城市的商业用地价格上升了25.8%。1990年，

（1913 年 =100 ）　　—— 澳大利亚　‥‥ 加拿大　—— 英国　—— 日本　—— 美国　‥‥ 平均

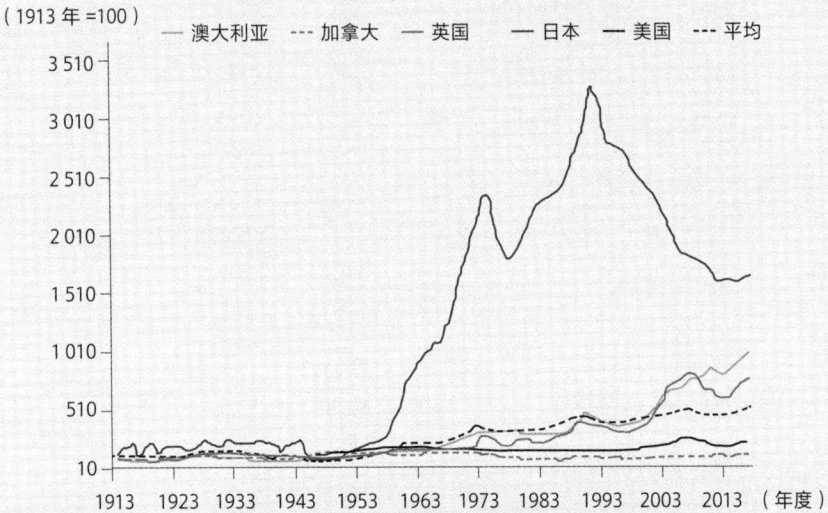

图 6-4　1913 年以后世界主要国家实际房地产价格指数的变化

参见：Knoll 등（2017）
　　图为 1913 年以后世界主要国家实际房地产价格指数的变化情况。可以发现，日本的房地产价格走势最强势。当然和其他发达国家相比，日本的经济增长速度较快，而且城市化比例相对较低，这些都刺激了日本房地产价格的急升，但是经济增长速度变缓，城市化进程放缓之后，房地产价格还保持了飙升的势头，就可能是流动性资产过剩带来的"泡沫"。

全国的地价指数更是上升了 14.7%，比前一年的上升率更高。

但是当日本中央银行把利率提高到 6% 时，房地产市场终于挺不住了。陶醉在盛况中的房地产开发公司每年向市场推出 170 万套新建住宅。人口为 1.2 亿的国家有 4 000 万户家庭，假设住宅每 40 年进行重建，那么平均每年需要的住宅供给数为 100 万套左右。可在 20 世纪 90 年代初，日本房地产市场每年持续提供 170 万套住房，引发了严重的"供过于求"。无论对房地产市场的预期有多高，也不能让住宅供给数量过剩到这种程度，否则必然会打破房地产市场的供需平衡。

外汇、石油等所有商品的价格都是由供需关系来决定的，可当时的日本国民和房地产开发商好像都忘记了这最简单的道理，悲剧便由此开始了。

为什么房地产价格泡沫破裂时
会出现经济萧条？

扩张性的财政政策和供给过剩从 1990 年开始摧毁日本的房地产市场。特别是从 1991 年开始，房地产价格严重下跌，出现了经济增长率也随之停滞的经济萧条的征兆。为什么房地产价格的暴跌会导致经济萧条？

野村证券公司的经济学家理查德·库（Richard Coo）在《大萧条的教训》一书中所展示的图表可以解释这个问题。图 6-5 显示了 1990 年房地产价格泡沫破裂以后日本企业和房地产商遭受的巨大损失。可以看出 1990 年日本的 GDP 有 449 兆日元，可是房地产价格及股市价格的暴跌导致最终蒸发的资产高达 1 500 兆日元。

这样令人惊骇的损失会引发两个深刻的问题。一个是经济主体为弥补资产负债表上的损失，会努力进行恢复工作；再一个是所谓的"逆财富效应"①。

假设一户人家借贷了 10 亿日元，投入自己的纯资产 5 亿日元购买了一套价值 15 亿日元的房子（担保比率为 66%）。可是 1991 年

---

① 指股价或者房地产价格下跌导致个人消费心理及消费能力萎缩的现象。

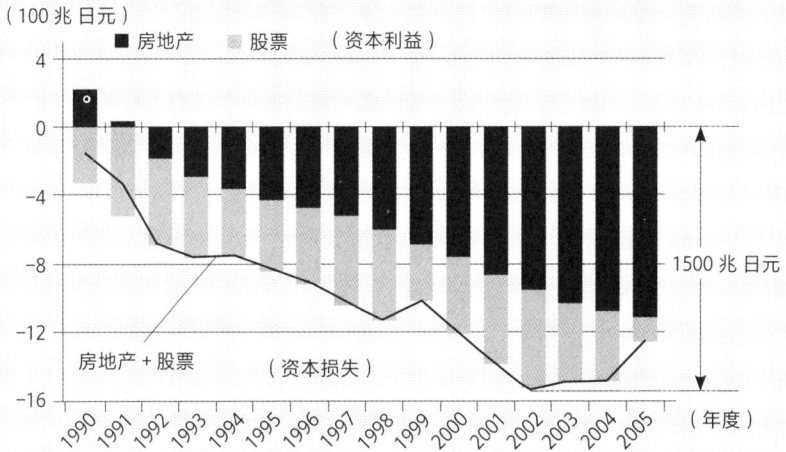

（100 兆 日元）

■ 房地产　▨ 股票　（资本利益）

房地产 + 股票　（资本损失）

1500 兆 日元

1990 1991 1992 1993 1994 1995 1996 1997 1998 1999 2000 2001 2002 2003 2004 2005 （年度）

图 6-5　1990 年之后日本房地产商和企业的资产损失规模

参见：리처드 쿠（2010）

　　图为推测因股票价格下跌和房地产市场泡沫破裂产生的损失（2005 年为止），最高的数字为 1 500 兆日元，相当于当时 GDP 的 3 倍。特别值得一提的是，如果考虑到 2008 年的全球金融危机和 2011 年的日本东部大地震引起的房地产价格和股票价格的下跌，损失的规模会远超过这个数字。

以后开始的房地产价格暴跌使他购入的房子价格下跌了50%，变成了7.5亿日元，会产生什么后果呢？这家人的纯资产成了负2.5亿。买错了一次房子，使这家人从拥有资产5亿日元的"富裕阶层"一下子跌落到资产为负的"贫困阶层"。

在这种情况下这家人能做的事情只有一个，那就是拼命减少消费，增加储蓄，想方设法偿还债务。因为万一金融机构注意到房价的暴跌开始催促偿还贷款的话，这家人不仅会失去房子，还将身负2.5亿的债务，直接流落街头。问题是这样的事情正在大规模发生。大多数的家庭和企业在20世纪80年代后期为了偿还债务作出了不懈的努力。可是当所有经济主体都在为偿还负债进行整齐划一式的努力，会出现怎样的局面？

消费者们为了还债减少消费，经济会停滞，工作岗位会消失，而这些更加重了消费者们的还债负担。如果处于破产边缘的数百万的住房所有者为了偿还债务争先恐后地把房子推向市场，还有那些债权人为了收回贷款把那些抵押担保的房子也推向市场，其结果必然是新一轮的"房价的暴跌"。如果这种恶性循环一再重复的话，整体经济就会陷入物价全盘下跌的"通货紧缩"的泥潭。整体经济通货紧缩会加重家庭和企业所负担的"实质"债务，导致"债务人越是偿还债务，所负的债务却变得越多"的恶性循环，遏制整体经济。

"逆财富效应"带来的冲击不可忽略。平生努力积累的资产价值瞬间缩水，消费心态不可能不崩溃。而日本的内需主导型经济又加重了问题的严重性。日本的出口仅占国内生产总值的10%，内需主导型经济崩溃的瞬间，企业也失去了恢复元气的突破口。如果日本像韩国一样，是出口占比比较高的国家，那么就可以用出口来打破僵局，可是日本企业一直依靠的是所谓"1亿中产阶层"的巨大内需市场，所以面对1990年以后的房地产价格崩溃的局面，日本实在是心有余而力不足了。

为什么房地产价格暴跌
会引发经济长期疲软？

　　了解了房地产价格暴跌引发整体经济严重萧条的过程，不少读者会产生疑问，当整体经济开始严重萧条的时候，日本政府干什么去了？

　　对此美联储作为一个外国的中央银行曾针对日本的此次事例作出了一份详细的报告，这本身就说明了当时日本的情况与众不同，也说明了他们想以此为戒，给自己敲警钟，以避免犯同样的错误。报告里有下面这样一段有趣的文字：

　　如果 1989 年日本中央银行在泡沫破裂之后把利率下调到 200bp①，通货紧缩导致的恶性循环是不会发生的。

　　意思是，20 世纪 90 年代初，房地产市场泡沫破裂时，日本中央银行如果立刻将利率下调至 2% 的话，日本经济不会经历那么长时间的萧条期。为什么会有这样的观点？为了便于理解，我们再往

①　bp（basis point）是表示利率或收益率的基本单位，100bp 等于 1%，200bp 即等于 2%。

下看看报告的内容:

如果因为利率过低引发了通货膨胀，那么可以用紧缩的财政政策来解决，但是如果是由于刺激经济的措施出台得过晚，或者由于措施的力度不够，使经济进入通货紧缩的死胡同的话，就不那么容易回转了。所以，当房地产市场泡沫破灭的时候，政府首先需要采取积极的、扩张的财政政策，其力度一定要足以使市场参与者们改变自己对未来经济的预期。

也就是说，当经济主体已经形成对通货紧缩的预期时，这种心理是很难被消除的，但是通货膨胀则完全可以通过上调利率的手段加以遏制。可以说这就是这份报告的核心内容。

为什么通货紧缩难以消除？美联储经济专家们认为其原因在于"财政政策无力"。当物价上涨率为负数时，即使再下调利率，实质利率(政策利率减去物价上涨率)也是不会下跌的。如图6-6所示，1994—1995年日本的物价上涨率已经降到了负数，此时日本中央银行把利率下调到0%也没有达到预期效果。

当然，如果日本政府积极地、充分地推进了扩张的财政政策也许就能够避免长期的经济萧条。但是仔细观察图6-6，可以发现1997年日本的物价上涨率一下子跃上了2%，这又是怎么回事呢？这是因为当时的桥本政府为了解决财政赤字问题，把消费税从现行的3%上调到5%。这让人想起1937年罗斯福政府为了平衡财政收支，

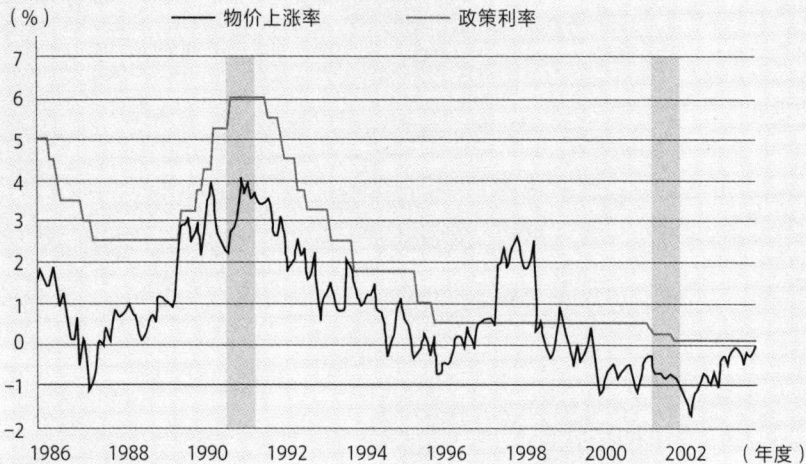

（%）
━━ 物价上涨率　　 ━━ 政策利率

图 6-6　1990 年前后日本政策利率和物价上涨率的变化趋势

数据来源：美国圣路易斯联邦储备银行（http://fred.stlouisfed.org/graph/?g=mSrv）

注：阴影部分为美国国家经济研究局（NBER）判定的经济疲软时期

　　直到 20 世纪 90 年代初日本的决策当局似乎都没有充分认识到严重的通货紧缩正在发生，错误地认为 1990 年海湾战争引起的石油价格上升导致的通货膨胀压力依然维持在很高的水准，所以日本中央银行也好，大藏省也好，都对经济抱有乐观的态度，因而错过了"刺激经济"的最好时机。到了 1991 年日本政府才开始下调政策利率，但下调幅度过小，到了 1994 年利率还维持在 1.75% 左右。决策当局难免因为这些缺乏积极性的措施被诟病。

削减财政支出导致的经济严重疲软的情况。可以说，这一荒唐的政策使日本经济陷入了难以恢复的、长期萧条的恶性循环。

在下一小节我们将探讨日本中央银行为什么在下调利率的问题上表现得那么犹豫不决。

日本中央银行为什么
迟迟不下调利率？

　　通过前两个小节的分析我们了解到日本经济陷入长期疲软的原因。但是疑惑始终没有得到解答。日本中央银行为什么一直到房地产价格泡沫破灭一年半之后才开始下调政策利率？

　　很多经济学家认为，这是因为日本没有应对"通货紧缩"的经验。20 世纪 30 年代美国发生通货紧缩已经是很遥远的事情了，而 1971年尼克松政府改革了国际货币体系以后，在近 20 年的时间里日本一直在承受着通货膨胀的压力，不仅是日本，似乎全世界的中央银行都很少对通货紧缩有所警惕。雪上加霜的是，当日本房地产价格形成了"泡沫"时，有人主张必须通过上调利率来解决。

　　在这里读者可能会联想到曾在 1929 年支配美联储的"清算主义"思潮。这让人很自然地觉得，日本中央银行的想法和当年美联储的想法肯定是相同的，要不然日本政府怎么能在 1990 年将股票价格拦腰砍一刀，并在 1991 年房地产价格大幅下跌的情况下仍然迟疑不决，迟迟不出台下调利率的政策呢？如果没有"清算主义"倾向，是不会出现这种情况的。

当然日本中央银行推迟出台利率下调政策也有自己的考虑,那就是因为海湾战争导致的国际油价上升。1990 年 8 月,以伊拉克进攻科威特为契机,国际油价开始暴涨。在海湾战争前国际油价为每桶 17 美元左右,可在 8 月 31 日油价冲到了每桶 31.78 美元。随着国际油价的上涨,日本的物价也开始显现出不平稳的迹象。也就是说,在股价暴跌的 1990 年 8 月 30 日,日本中央银行把政策利率提高到 6% 是有其理由的。但如图 6-7 所示,从 1992 年开始,在 GDP 缺口(GDP Gap)跌至负数、通货紧缩压力增大的时候,日本的中央银行还将政策利率维持在 2.5%,不管从哪个角度看都是失策。

GDP 缺口是用实际 GDP 减去潜在 GDP 后,再除以潜在 GDP 计算出来的数值。GDP 缺口是一种指标,它是和没有通货膨胀的条件下能达成的最大水准(潜在 GDP)进行对照,以此显示出经济过热到什么程度,或者停滞到什么程度。如果结果显示为正,则表示经济过热,通货膨胀发生,如果结果显示为负,则表示经济疲软,发生通货紧缩的压力在上升。为了理解 GDP 缺口,我们设想一下有一个年产 100 万辆汽车的工厂。这个工厂有 1 万名劳动者,5 000 名为正式职工,5 000 名是临时工。如果某一年经济形势好转了,市场需要 110 万辆汽车,会发生什么样的情况?因为难以预测这样的需求能持续多长时间，所以公司会认为雇用新的工人不如使用现有的正式工人，就会让他们加班加点来满足市场需求。但是加班的话，要按小时支付加班费，时薪会上升，而且 5 000 名正式职工当中会有一些人因难耐劳动强度的提升而经常缺勤。因此公司极有可能把一部分临时工转为正式职工，同时把成本价的上升转嫁到产品价格上，提高汽车价格。

相反，假如这家工厂生产的汽车年需求量下降到 80 万辆，会出现怎样的局面？一方面工厂为了应对汽车需求量的减少，会分批裁减临时工，另一方面，如果裁员未能解决问题，汽车库存却在持续增加，公司就会下调汽车销售价格。在这个例子中可以看出，市场需求较生产能力更高的话（即 GDP 缺口为正），就会增加工作岗位，物价也会上升，相反，如果市场需求不及生产能力的话（即 GDP 缺口为负）就会出现工作岗位减少、物价下降的现象。

1991—1992 年日本决策当局断然认为经济形势不会急剧恶化，进而也否定了 GDP 缺口转负的可能性。当时日本的经济企划厅认为"日本经济正在繁荣发展"，并认为当时不是推出经济刺激政策的时机。直到 1992 年 2 月才承认了经济疲软，但是直到同年 8 月才推出大规模的经济刺激政策。

总额相当于 10.7 兆日元的大规模经济刺激政策虽然使日本经济

开始复苏，可是住宅供给的持续增加和它所诱发的房地产价格的进一步下跌，以及政府在 1997 年采取的提高消费税等财政紧缩政策，使日本经济陷入了"失去的二十年"，持续低迷直到 2012 年。

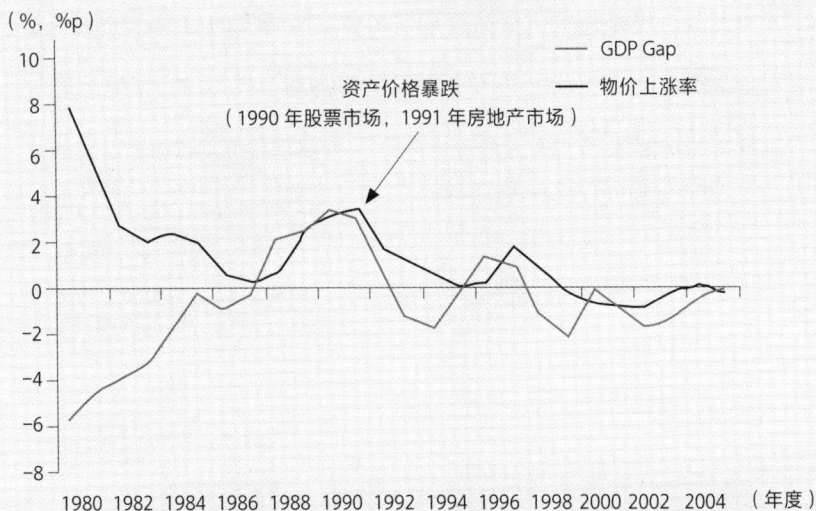

（%，%p）

资产价格暴跌
（1990 年股票市场，1991 年房地产市场）

—— GDP Gap
—— 物价上涨率

1980 1982 1984 1986 1988 1990 1992 1994 1996 1998 2000 2002 2004   （年度）

图 6-7　日本的 GDP 缺口和物价上涨率的变化

数据来源：IMF（2018）.

　　虽然 1992 年 GDP 缺口转负等通货紧缩的现象对整体经济产生了强烈的冲击，但直到 1994 年也很难说日本中央银行采取了扩张的财政政策。结果，整体经济出现了严重的通货紧缩，加上 1997 年消费税的上调，使日本成为 1929 年大萧条之后第一个陷入慢性通货紧缩和经济萎缩泥沼的发达国家。

给我们的启示

泡沫破灭的时候要大胆、
及时地实行宽松的货币政策

    从上一小节的分析中我们了解到一个国家一旦陷入通货紧缩的泥沼，这个国家就很有可能要经历长时间的艰难岁月。欧洲就是一个典型的例子。2008 年全球金融危机爆发以后，欧洲经济始终挣扎在低迷之中，究其原因，应该是欧洲中央银行（ECB）的失策。

    图 6-8 显示的是 2008 年金融危机前后欧洲经济增长率和政策利率（再贴现率），从图中可以看出 2001 年再贴现率的上升。虽然经济增长率在 2010 年转正是事实，还有受到席卷中东的政治风暴影响的石油价格的上升也是事实，但是这不足以说明当时欧洲经济的内部环境是正常的。首先，当时南欧众多国家因房地产价格的暴跌形成了大量的不良贷款，而银行受其影响开始陷入不正常运转的恶性循环。银行的运转是否健康往往用国际清算银行（BIS）的资本适足率来测定，是用贷款等风险资产除以自有资产得到的比率。例如，拥有 8 兆日元自有资产的银行最高可放贷 100 兆日元。（当然，风险数值因具体贷款性质而异，如企业贷款、房地产贷款、国债、债券等都不尽相同。）

    如果资本适足率低于适当水准（大部分的银行为 8%），中央银行就会要求这个银行采取"适当措施",所谓"适当措施"就是向显现出亏损迹象的金融机构提出"即刻纠正"的要求,以保证银行健康运转。在采取措施的过程中,银行会采取解雇职员、扩大自有资本、出售资产等残酷手段推进结构调整。从银行角度来看,当发现贷款可能变成坏账,资本适足率不足 8% 时,就会产生要抢在别的银行之前收回极有可能变成坏账的贷款的动机。

在这种经济环境下中央银行该如何应对呢?

正确答案应该是,要坚定地维持低利率政策,并耐心等待房地产市场的恢复和金融机构的重新健康运转。还有,像美国那样采取"量化宽松"的货币政策,以看起来近乎"过分"的程度向市场注入大量货币,也不失为一种好招数。但是当时的欧洲中央银行的做法却正好相反,以通货膨胀压力大为借口两次上调了利率。由此产生的恶果大家都看到了。继 2010 年的希腊之后,2011 年在欧元区 GDP 排名第三和第四的国家意大利和西班牙都因为无力还债,到了接受金融救助的地步,加上 2015 年夏天发生的希腊的公投事件,欧洲经济不得不经历漫长的停滞期。

多亏了当时欧洲中央银行总裁马里奥·德拉吉(Mario Draghi)果断实行下调利率政策并推行大规模的量化宽松政策,从 2011 年 11 月开始,欧洲总算摆脱了迫在眉睫的危机。但是迄今为止,欧洲的整体经济增长情况还是不及其他发达国家。当然 2011 年春的两次利率上调并不是引发所有这些问题的唯一原因,还有欧元体系自身所具有的局限性,以及欧洲未摆脱对德国 1923 年超级通货膨胀

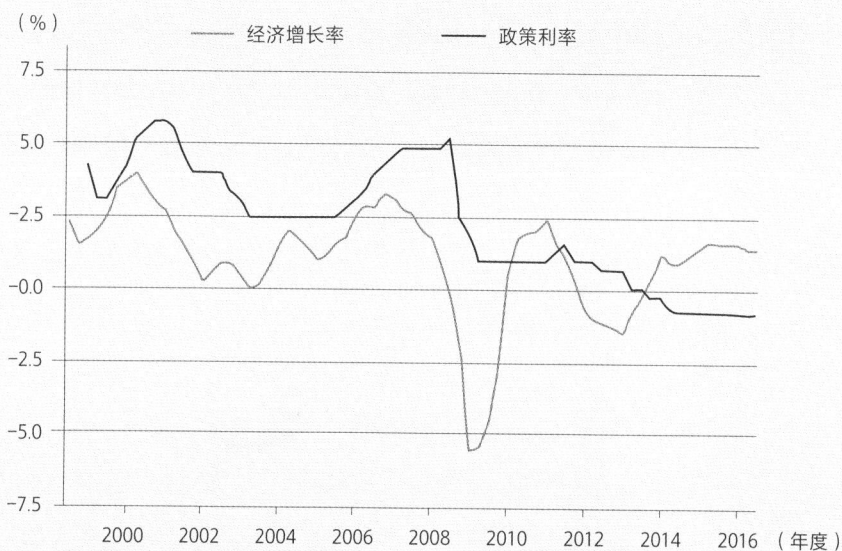

（%）

———— 经济增长率   ———— 政策利率

图 6-8　2008 年前后欧洲经济增长率和政策利率的变化

数据来源: 美国圣路易斯联邦储备银行（http://fred.stlouisfed.org/graph/?g=mStA）

　　如果政府在经济增长率急速下降的时候未能及时采取措施会出现怎样的局面呢？当时的欧洲就是最典型的例子。就像日本中央银行对经济形势过于乐观一样，欧洲中央银行在 2007 年草率上调利率之后直接导致经济崩溃，两次上调利率之后欧洲经济在 2011 年终于陷入了低增长的泥坑。

的厌恶情绪等多种复杂的因素。但是，如果当时欧洲中央银行上调利率的政策哪怕能推迟到南欧国家的金融体系恢复之后再实施，那么如今的欧洲经济一定会远比现在繁荣。

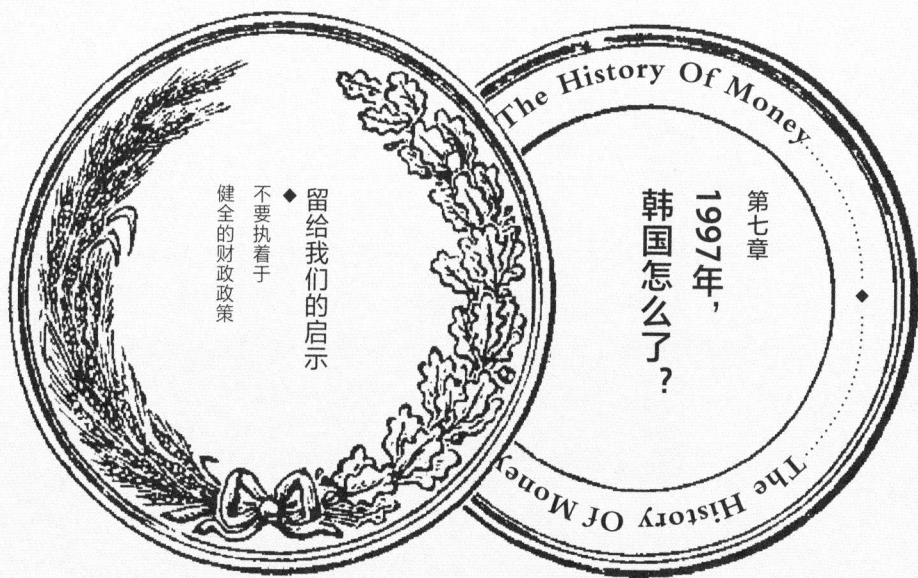

The History Of Money

第七章

1997年，
韩国怎么了？

The History Of Money

留给我们的启示

◆
不要执着于
健全的财政政策

过去的 50 年
韩国取得了哪些成就？

  世界各地的收入水平是非常不均衡的。少数工业化成功的国家其国民收入非常高，而且还在不断地增长，但是那些工业化失败，或者未曾尝试工业化的国家，人民的生活水平比古代或中世纪还低。

  从图 7-1 中可以看出，1960 年韩国的人均所得仅为 100 美元，可到了 2008 年人均所得上升到了 3 万美元。如果按这个速度增长的话，韩国的人均所得大有可能在数年之内超过日本。

  如果某个国家的人均所得一旦超越一定的界线（例如 1.4 万美元），就会出现增长势头减弱，甚至经济规模削减的现象，这一现象通常被称为掉入了"中等收入陷阱"。"中等收入陷阱"一般指的是新兴发展中国家在发展过程中出现的那种初期经济增长势头迅猛，然后逐渐失去增长弹力的现象。

  很多国家之所以会陷入"中等收入陷阱"是因为没能适应"成长方式"的变化。经济增长初期，新兴发展中国家依靠丰富的劳动力、低廉的工资、便宜的地价很容易引进外资。当外国投资者开始投资的时候，工作岗位增加了，失业率下降了，整体经济也开始活跃了。

  但是过了 10 年或者 20 年，高速增长的经济会很自然地导致薪金和土地价格的上升，在这过程中外商的投资很有可能中断，甚至

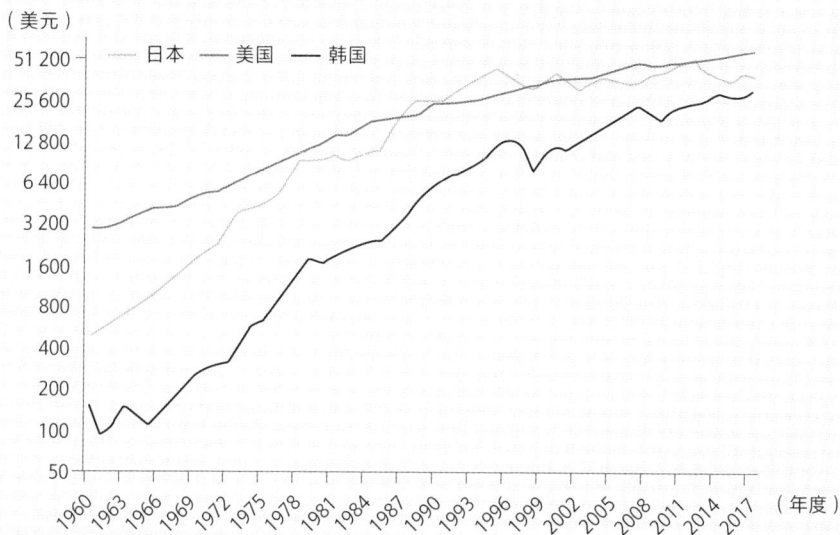

（美元）

51 200
25 600
12 800
6 400
3 200
1 600
800
400
200
100
50

日本 ─── 美国 ── 韩国

1960 1963 1966 1969 1972 1975 1978 1981 1984 1987 1990 1993 1996 1999 2002 2005 2008 2011 2014 2017 （年度）

图 7-1　1960 年至今日本、美国和韩国的人均收入变化情况

数据来源：世界银行

　　上图展示了日本、美国和韩国的人均收入的走势。1960 年初，韩国的人均收入不过是 100 美元，而到了 2018 年直线上升到 3 万美元。

有可能发生已经引入的外资重新流出海外的事情。当然，如果该国在经济增长过程中充分掌握了技术，就可以进行"质量竞争"，可是新兴发展中国家的企业大部分没有自己的品牌，更没有能力适应新的环境。

为什么那么多的国家始终摆脱不了贫困的恶性循环？从 19 世纪初英国开始进行工业革命以来已经过了 200 多年，经济增长的秘诀已经不是什么秘密，可为什么别的国家就是追赶不上呢？很多学者都在探究这个课题，得出的结论是大致有以下三个要素阻挡了发展中国家的工业化道路。

第一是发展中国家的低工资。在第三章中我们提过，英国进行工业革命的最大动因是为了解决高工资的问题，是因为急需能够节省劳动力的技术。反观印度、朝鲜等相对于土地面积而言人口却众多的国家，这些国家的平均工资仅够勉强糊口，所以他们既没有发动工业革命的"动机"，也没有发动工业革命的"资本"。这个问题迄今为止还是发展中国家挥之不去的噩梦。如果说发达国家开发了能够节省劳动力的技术，而使用这个技术必须需要购买价格昂贵的机械，那么具有丰富的劳动力而资本却极其缺乏的发展中国家就根本没有必要引进这样的技术。

就这样，低水平的工资导致了一种恶性循环。如果极少数的地主占据着大部分的土地，而且还满足于现状的话，这个社会就不可能产生技术革新。因为相对于土地而言劳动力过剩，所以即使有更多的土地，也不愁租不出去。地主们掌控着土地（相对有限的资源），所以他们可以维持很高的收租标准。实际上在被日本侵占期间朝鲜的收租标准是总产量的一半。如果考量到种地所需的种子价格、农机具的投入等，佃户所得一般不到产量的30%。

不少地主还放高利贷。过高的地租和利息，以及没有延期保障的租地期限，所有这些都将佃户们压迫得没有余力对灌溉设施进行改善，或者购买肥料以提高产量。相反，地主们倒是有能力进行投资以提高产量，可是地租本身很高，加上承租人如果不能还债的话，可以占有作为担保的土地（承租人自己的土地），以此扩大自己的土地占有量。地主们通过这种高利贷业务完全可以赚取很多的钱，所以没有热情为增加产量进行资本投资。

老百姓超低的、仅够生存的收入和地主的高利贷业务并存，就会导致整个社会受教育程度的低下，所以有不少国家其大部分人口为文盲。作为参考，1944年的人口普查显示，15岁以上的人口中无学历者的比重，男性高达80%，女性高达93%。无学历者的比重如此之高，一是因为日本帝国主义的侵占致使教育无法发展，二是因为只有地主有经济条件可以投资子女教育。

如果国民大都受教育程度低，或者干脆是文盲的话，就很难学会和掌握从发达国家引入的信息和通信技术及工业技术。地主的子女们倒是有条件可以学习，可是大多数地主（除了蔚山金氏等极少数地主外）都选择抵制和对抗新技术。

下一个小节我们来看看1945年以后韩国是怎样越过这一障碍的。

土地改革
铸就了繁荣的基石

　　低廉的劳动力、土地所有权的极端不平衡，还有国民的受教育程度低，在这三座大山的重压下韩国是怎样完成工业化的？

　　在这里有必要关注一下美军政时期（1945—1948 年美国对韩国的军事统治时期）的两个政策，即组建强有力的统治机构和进行循序渐进的土地改革。1945 年 8 月末，美军进入朝鲜半岛南部时，土地掌握在极少数人手中，土地所有权的分配状况极为不公平。在日本帝国主义侵占期间，从日本来的地主和本地地主们占据了大部分的土地，而失去土地的农民们不得不离开农村成了工人。问题是日本帝国主义的败亡导致了原材料供应的中断和制造业发展的停滞，城市中的工人们不得不再次回归到农村。大地主们大肆实行传统的土地集约化农业及地租制度，其结果是农业产量的全盘减少和经济的萧条。

　　在这种情况下全体国民最为关心的是土地的分配。美军政厅在这方面下了不少功夫。首先在 1946 年把佃户应向地主缴纳的地租降到当年总产量的 1/3，其次把朝鲜总督府拥有的大规模的土地卖给了农民。特别值得一提的是，美军政厅不仅把总督府的土地卖给农民，还接管了日本地主所有的 2.789 平方千米的土地，并在 1948

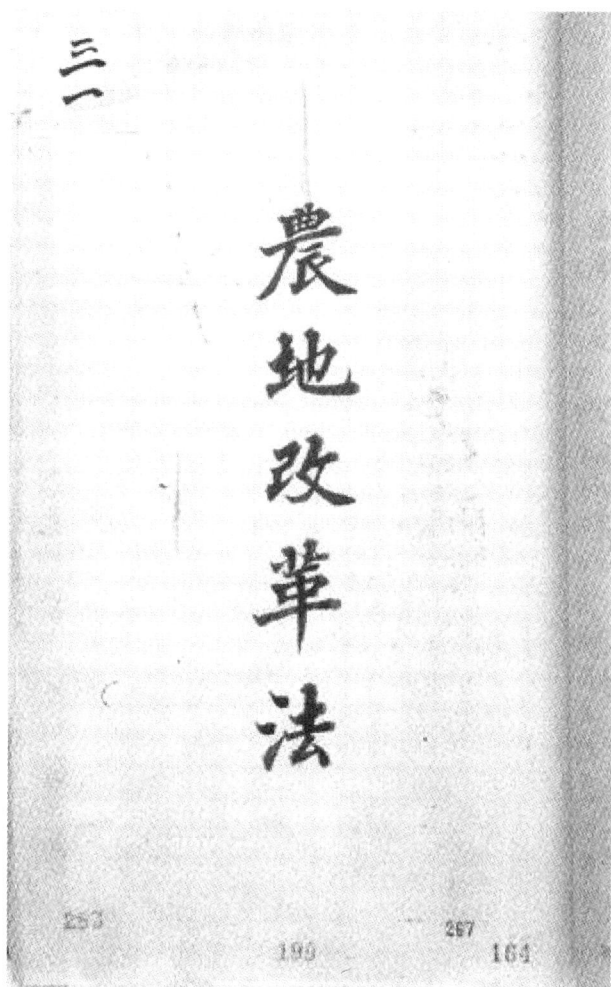

1950 年 3 月修订发布的土地改革法案。1948 年大韩民国政府成立，农民们最关心的是土地改革。对此，政府在 1949 年制定了《土地改革法》，并在 1950 年 3 月公布了《土地改革法修订案》及《土地改革法实施条例》，使之合法化和制度化。同年 5 月开始实行土地改革

年初卖给了农民，使 597 974 个家庭，即占农业人口 24.1% 的农民
重新拥有了自己的土地。

当时的美军政厅之所以实行了这种有点不伦不类的"土地改
革"，是为了降低共产主义的影响。当时主导这项土地改革工作的
沃尔夫·拉德金斯基（Wolf Ladejinskg）回忆说：

> 我之所以推进这项工作（土地改革），是因为在 1921 年初我离
> 开俄罗斯之前得到了教训。如果当时一劳永逸地将土地归还给农民，
> 并以这种方法解决土地问题的话，共产主义者们是绝对没有机会掌
> 握政权的。

1952 年艾森豪威尔总统当选以后极端反共主义者们得势，以沃
尔夫·拉德金斯基为首的土地改革论者们失去了立足之地，不过韩
国已经在朝鲜战争前夕完成了土地革命。1950 年 3 月李承晚政府通
过了《土地改革法》，该土地法规定"凡是土地所有者不直接耕作
的所有土地和所有超过 3 万平方米的土地（个人所有）"都是重新
分配的对象。还有，按照该法案，农民从政府手里购买土地所需要
的金额是该片土地年产量的 150%。当时政府从地主那里接管土地
的费用大部分是用美国的援助支付的。

在这里简单谈一谈为什么要强调土地改革的重要性。

土地改革带来的第一个变化是"经济增长"。地主们靠高利贷
业务也能赚取足够的钱，所以对技术投资没有什么热情，而佃农们

首先没有能力投资灌溉设施，对延长租地契约也没有足够的信心，所以连购买肥料也要经过再三考虑。因此在土地改革之前，韩国虽然是一个90%的人口从事农业生产的、典型的农业国家，却也做不到粮食自给自足。如果没有美国的援助，就可能马上会出现大规模的贸易赤字。但随着土地改革的实施，农业生产效率得到了显著的提升。

图7-2显示的是1954年以后农林渔业收益的增长率和经济增长率之间的关系。可以发现，1954—1963年韩国的农林渔业发展增速很快，增长率达到5.1%，接近了同期经济增长率（6%）。如果考虑到1953年农林渔业产值占国内总产值的48%的话，那么当时经济增长相当大的一部分是得力于农业的生产效率的提高。虽然从1963年开始，韩国的经济高增长主要靠的是以出口为主的工业化，但切不可忘记，这也是因为以农业为主导的经济增长先为它打好了基础。

土地改革以后的农业生产率发生显著变化的原因在于"动机的产生"。在种地种得再好，也会被地主剥夺大部分收益的情况下，农民很难产生要增加产量的动机。在当时家庭人口平均5—6人的情况下，种十多块小片地是最为合适的。对劳动力严重过剩的发展中国家来说，开发初期最为重要的不是效率，而是最大限度地使用过剩的劳动力产出最高的产量。也就是说，哪怕人均收入再低，也要最大限度地使用劳动力。

别的国家暂且不论，韩国的民众，毫无疑问，因为收入的增加

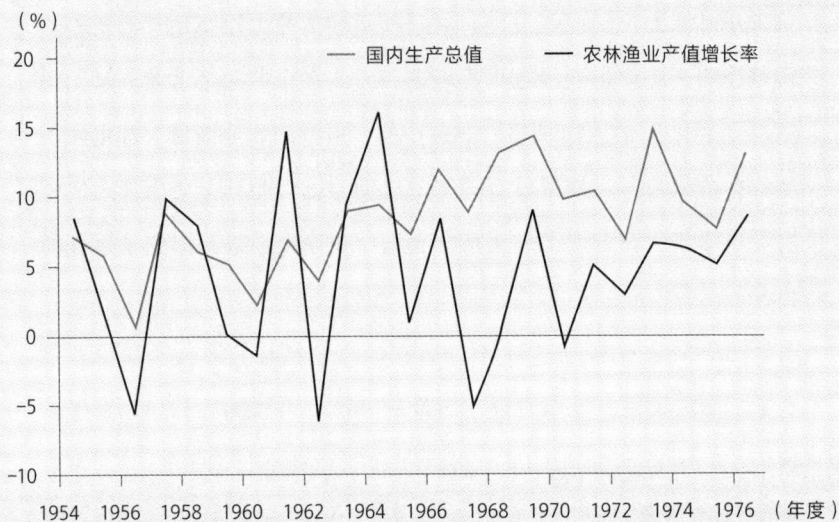

図 7-2　1954 年以后韩国的国内生产总值和农林渔业产值增长率的变化

数据来源：韩国银行经济统计局

　　20 世纪 50 年代韩国的经济增长是以农林渔业为主导的。农林渔业具有对气候条件特别敏感的特点，所以在 1956 年和 1962 年的增长率为负，但是其在 1954—1963 年间的年平均增长率却达到了 5.1%，接近了同期国内生产总值的年平均增长率（6%）。

开始有条件投资子女教育了。1944年末15岁以上的人口中无学历者，男性为 80%，女性为 93%，而到了 1955 年这个比例变成了男性为 50%，女性为 80%。

此后良性循环就开始了。农业生产效率的提高，使得农村的剩余劳动力可以转移到城市，而企业则可以雇佣他们生产内需产品，抓住国内市场发展的机会。但是若要实现全面的经济增长，就必须要培育制造业。下一小节我们来谈一谈这个问题。

韩国是怎样
培育制造业的？

20 世纪 50 年代中期以农业为主导的经济开始了爆发式增长以后，韩国政府面临培育制造业的课题。因为从农业领域开始的经济增长，十年之后就会出现回落。出现这种现象是因为"边际效益递减"。关于这一点我们在第三章的第二小节讲工业革命的时候就谈过，所以在这里就不赘述了。

当农业生产的进一步提升遇到瓶颈时，突破口就是制造业。当时韩国生产出来的农产品能够养活 3 000 万人口，但是把这样的农业培育成出口型产业是很困难的。有过海外旅游经验的人都知道，韩国的农产品价格比发达国家的农产品价格高。但是在培育制造业的道路上存在着很多的障碍，不仅需要投入大规模的资本，还需要经历漫长的时间。

这一点用"学习曲线①"（Learning Curve）能够很好地加以说明。通过"学习曲线"可以看出产量越高，每个产品的生产成本就越低。生产效率的增长需要时间的积累，还有团队的协作，而这是以提高

---

① 在一定时间内获得技能或知识的速率。

产量为前提的。要理解这个"学习曲线"，航空航天制造业界的第二大企业洛克希德公司（Lockheed Corporation）的事例能帮助我们。1971 年夏，洛克希德公司的订单因航空需求增加变得多了起来，公司开始着手研究能乘坐 260—400 名乘客的具有革命性意义的航空器——三星客机项目。洛克希德为了生产新型航空器开始筹措资金，并要求美国政府为建立工厂提供贷款担保。

可是 1973 年，当工厂还没有盖起来时，美国空军的莱特准将就作出了悲观的预测，认为洛克希德公司的新型航空器计划并不划算。莱特准将研究了那段时间的战斗机生产，发现生产的飞机越多，组装一架飞机的时间就越短，而且组装每架飞机的费用也会减少 20%。假设制造 4 架飞机，每架飞机的平均费用为 100 万美元的话，制造 8 架飞机每架飞机的费用就变为 80 万美元，如果制造 16 架飞机，每架的费用则会减少到 64 万美元。也就是说，工人们在生产过程中会变得越来越有效率，费用也会随之减少。如果按照莱特准将的计算方法计算的话，那么洛克希德公司大约在 11 年后，在生产出第 1024 架飞机之后，投资才能够开始有收益。

莱特准将的预测是准确的。洛克希德公司在 20 世纪 70 年代始终被经营危机困扰，一直到了 80 年代初，得益于里根总统大规模扩大军费开支，才免于破产。

从以上的事例中可以看出，即使工厂开工了，也无法确定什么时候开始有收益。所以，当靠军事政变掌权的朴正熙政府宣告要培育制造业的时候，没有几个企业家站出来响应。这时韩国的政府就

采取了非常有效的策略——"大棒加胡萝卜"。首先韩国政府抛出
了企业家们无法抵御的、充满诱惑的"胡萝卜"——低利率政策。
从图7-3中可以看出，20世纪60年代韩国的私债（个人放贷给企业）
利率最高时竟达到60%，就算最低时也有40%。农村产出了剩余农
产品，但这些并没有直接变成储蓄，所以当时韩国经济始终处于通
货紧缩的窘境。在这种情况下韩国银行向出口企业提供的贷款利率
从1966年到1972年间始终维持在6%，即便后来上调了，也维持
在8%的水平。这等于是说，只要有出口的业绩，就可以获得比市
场利率低50%的长期贷款。

当然也有借建设出口企业为名，利用低利率买土地的企业人。
实际上在1972年8月3日《关于经济安定与成长的紧急命令》（冻
结在经济内部存在的个人放贷给企业的紧急财政命令）出台时，查
出来的私债钱主中30%为企业的股东或者企业高管。冒充出口企业
从银行贷款，然后放贷给别的企业大赚其差价的事情比比皆是。

但是当时的韩国政府对此的态度是，只要这些企业确实有过出
口业绩，就不再追究。但是如果这些企业没有什么出口业绩，就将
实施强有力的"注销"措施。在这里用"注销"这个字眼，是因为
政府会将这些盖好厂房以后没有出口业绩，而且被判定不会达到预
期目标的企业，强行合并到别的成功的企业中，或者通过国有金融
机构体系回收其资金甚至采取使之破产的极端的制裁方式。最具代
表性的就是20世纪70年代后期开始的"重化学工业的产业合理化"
措施。当然这样的措施并不是韩国首创。早在20世纪30年代，日

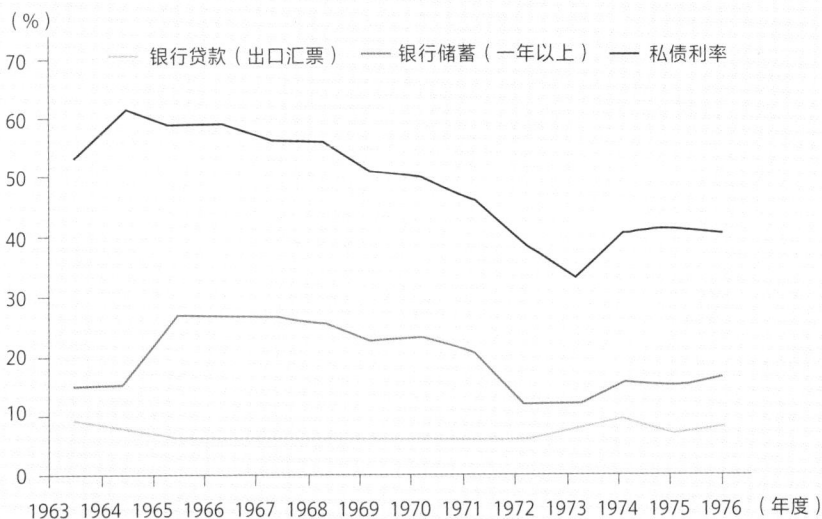

图 7-3　1963–1976 年韩国主要利率的变化情况

参见：김두얼 등（2017），“우리나라의 경제 위기와 극복”

　　17 世纪英格兰的事例告诉我们，一边是借贷方的信誉度不够，一边是备受通货紧缩煎熬的国家，只能维持高利率。1960 年，韩国的私债利率高达 60%，而政府向出口企业提供的贷款利率不过是 6%，所以只要能够出口，这个公司老板就能赚取相当大的利息差额。

本在研究德国的做法后，就通过合并把诸多制造业部门"合理化"了，并在第二次世界大战以后加速了这一进程。

朴正熙政府野心勃勃地推进的"以出口制造业为主导的经济增长"的战略能够成功也有其幸运的成分。20世纪60年代开始的越南战争和物流革命为韩国及东亚的工业国打开了一个巨大的市场。关于这一点我们下一小节再细谈。

韩国制造
比美国制造便宜吗？

　　给大家讲一个有趣的故事。我最近读到一篇专栏文章《铁路运输和海上运输的单价比较》，根据这篇文章所述，从美国最西部的洛杉矶运货到田纳西州的孟菲斯，若用海运的话每个集装箱可以比用铁路运输节省约 2 000 美元。

　　如果走海运，从美国西部洛杉矶到位于美国东南部的孟菲斯，要经巴拿马运河来到密西西比河河口的新奥尔良，然后再沿着密西西比河逆江而上，这段距离大约有 4 800 英里。但是如果用铁路运输的话，距离大概是 2 000 英里，也就是说海运距离是陆运距离的 2 倍以上。那为什么海运会远比陆运便宜呢？

　　这是因为海上运输领域一直在持续不断地进行着改革。如果用可通过巴拿马运河的集装箱船（New Panamax 级别）进行远程运输的话，1 英里的费用大约是 0.8 美元，而铁路运输所需要的费用 1 英里大约是 2.75 美元——当然要考虑到 2008 年全球金融危机爆发后，海上运输费用下降了不少。所以只要海上运费没有大幅度地上涨，海上运输还是占优势的。

　　这种运输费用的巨大差距来自 20 世纪 60 年代初出现的集装箱运输体系。当时，美军在越南战争初期没能占到优势并陷入持久战的原因正是补给上出了问题。当时越南的情况可以说是世上再没有别的地方比它更不适合派出现代化部队作战了，因为越南国土南北总长约 1 100 公里，而能够满足水深需要的港口只有一处，铁路也只有一条。

更为不利的是，美军实际上能够利用的唯一港口西贡（现为胡志明市）位于湄公河下游的三角洲，远离战场，而且港湾设施也处于饱和状态。每次使用驳船往返在港口和远远停泊于海上的货船之间卸载弹药所需的时间短则 10 天，长则 30 天。

状况恶劣到如此地步，美国政府不得不考虑对策。这时一个美军的研究团队提出了一个从根本上改变运输程序的提案。这个提案的第一项就是统一所有货物的包装方式，即使用铁制集装箱。这样不仅使货物在规格上达到了统一，而且可以大量节省装卸货的时间。这个提案令当时还处在"孕育期"的集装箱产业迅速发展起来。

1966 年 1 月，在檀香山召开的最高级会议上联合参谋部发表了新的政策——"和民间企业签约，委托民间企业完成港口的运营等企业有能力完成的业务"。这个决定付诸实施却耗费了很长时间。西贡港的装卸工们罢工，坚决反对建立集装箱码头，美军也没能及时判断这样艰巨的任务应该交付给什么样的公司。

可是集装箱港口一旦建成，其余的事情基本是纲举目张了。在金兰湾建成的集装箱港代替了西贡港，一次可以卸下一艘巨轮装载的 600 个左右的集装箱。这样，在越南的美军的补给问题得到了解决。当时美军海洋运输船团司令评价说"7 艘集装箱船可抵 20 艘散装货船"。

这也给东亚各国的发展带来了机遇，在金兰港卸完货回美国的空集装箱船在日本的神户港装满电子产品前往美国，在美国掀起"日本制造"的风潮。也就是说，越南战争引起的战时经济和运输费用的大幅减少使日本和韩国有了这奇迹般的经济增长机会。

因为在美国制造产品远不及在东亚使用低廉的劳动力制造产品，然后再进口到美国划算，所以新的贸易方式出现了。当然能够享用价廉物美产品的美国等发达国家的消费者们受益最大，而东亚各国则有了培育自己的制造业的机会，为发展成工业国家打好了基础。

从图7-4可以看出，20世纪60年代初期以后韩国经济飞速增长。从 1963 年到 1972 年，韩国的出口额年均增长 38.2%，同期的制造业比重从 13.4% 直线上升到 20.0%。

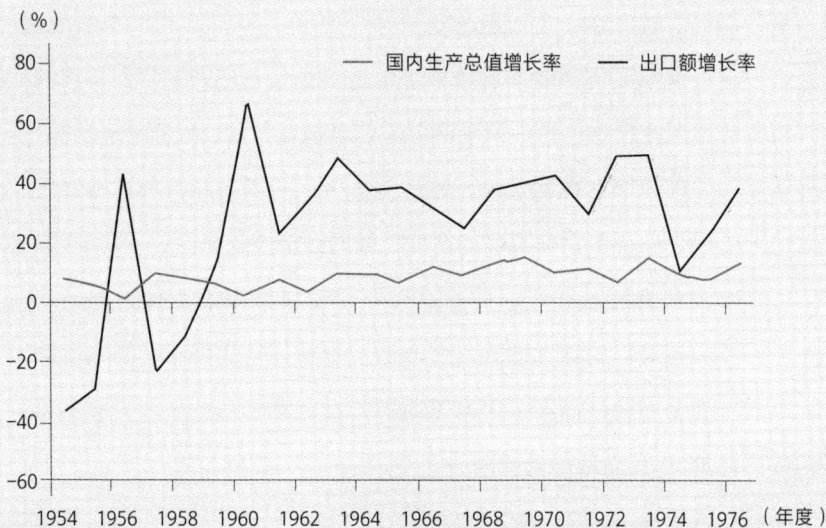

（%）

图 7-4　韩国国内生产总值增长率和出口额增长率变化情况

数据来源：韩国银行经济统计系统（ECOS）

　　在 20 世纪 50 年代主导韩国经济增长的是农林渔业，而在 20 世纪 60 年代主导韩国经济增长的则是出口业。从 1963 年到 1972 年，韩国的出口额年均增长 38.2%，同期制造业的占比从 13.4% 跃升到 20.0%。

韩国为什么
会陷入外汇危机的泥坑？

前些日子我看了一部有趣的电影，名叫《国家破产之日》，讲的是 1997 年韩国外汇危机发生的前因后果。但是我不能苟同大部分的内容，而且感到些许的遗憾。为什么 1997 年韩国会发生外汇危机？我认为，在维持固定汇率制度的同时又推进金融自由化的韩国政府负有最大责任。

设想一下在 20 世纪 90 年代，像韩国这样的对外贸易特别活跃，资本也自由流通，却限制劳动力流动的小国家，如果有那么一天，这个国家的主力出口产品（例如半导体）价格暴跌，出口量急剧下降会发生什么情况？首先是国内工作岗位和国内生产总值减少，然后经常项目收支因受出口减少的影响产生大规模的赤字，而银行会采取下调利率的措施加以应对，同时投资到这个国家的热钱就会大量流出海外。

经常项目收支和资本收支的同时恶化会导致外汇供给的大量减少，而本国货币的汇率会大幅上升（本国货币价值下跌）。可不幸的是这个国家施行的是固定汇率制度，所以在这种情况下这个国家的中央银行只能采取在市场上抛售外汇，同时回收本国货币的措施。但是，货币供给的减少会导致总需求的减少，而总需求的减少又会

1998 年 1 月 6 日韩国国民捐献黄金的现场。1997 年外汇危机爆发后，韩国国民为了偿还国家的外债自发地发起捐献黄金运动。当时捐献的黄金约有 227 吨，价值约为 21.3 亿美元

导致生产量的减少和失业率的增加。如果"有幸"因经济不景气导致经常项目收支的赤字迅速得到了解决还好，如果没有那么"幸运"，经常项目收支改善速度依旧缓慢的话，这个国家就要面临外汇耗尽而不得已向国际货币基金组织（IMF）申请金融援助的危机。

但是，如果这个国家施行的是浮动汇率制度，放任货币贬值，商品价格的竞争力就会随着汇率急升而提高，进口会减少，可是出口需求会增加。另外，因为其中央银行施行的不是固定汇率制度，所以不需要为维持其施行的制度而减少货币供应，所以出口需求的减少也不影响总需求，国内经济也不会萎缩。当然，以美元来换算，这个国家的国民收入也许会减少，但绝不至于出现类似向国际货币

基金组织申请金融援助的极端状况。

因此，1997年韩国发生的外汇危机应归咎于当局施行的一边开放市场，一边采用固定汇率制度的政策。图7-5所示的是1997年前后韩国的经常项目收支和利率水准。可以发现1995—1996年前后，在韩国的经常项目收支急剧恶化的时候，利率却下降了。当时美联储主席格林斯潘正在上调政策利率，韩国在经常项目收支赤字日益扩大的情况下却采取了下调利率的措施，这是否得当，令人质疑。

当然，在外汇危机之前韩国的货币政策主要侧重于调节"通货量"，而不是调节"利率"，所以把20世纪90年代中期的利率下调政策都归咎于政府也有勉为其难的地方。随着金融市场的开放，综合金融公司可以从海外以低利率筹措资金，这也是整体经济利率下跌的一个原因。但是1995—1996年的月广义货币供应量（M2）增加率达到20.4%，由此可以发现当时的韩国决策当局采取的是宽松的货币政策。因此，20世纪90年代中期出现的低利率环境不仅要归因于金融开放政策，还要归功于有丰富的货币供给。

固定汇率制度具有能够维持汇率稳定的长处，但是会失去调整利率政策的自由。当然，如果不开放资本市场对资本市场加以控制的话，即使美国上调了政策利率，也完全可以用下调利率来应对。但是从1992年开始韩国逐渐地开放了资本市场。

在这里让我们暂且从当时购买韩国股票的外国人的角度思考一下。从1992年开始他们不停地扩大投资规模，但同时担忧韩国的经常项目收支会恶化。而韩国政府在没有施行把汇率变化交给市场

（亿美元）   （%）

50		30
40	—— 经常项目收支（5 个月平均） —— 公司债利率（AA 级）	25
30		20
20		15
10		
0		10
-10		5
-20		
-30		0

1990-01 1991-01 1992-01 1993-01 1994-01 1995-01 1996-01 1997-01 1998-01 1999-01 2000-01 （年－月）

图 7-5　1997 年前后韩国的经常项目收支和利率变化情况

数据来源：韩国银行经济统计系统（ECOS）

　　1995 年前后韩国的经常项目收支开始急剧恶化，公司债利率降到历史最低水平。经常项目收支的恶化使外汇市场的汇率上升，如果此时采取下调利率等宽松的货币政策就有外汇储蓄急剧枯竭的可能。当然，如果没有 1997 年 7 月泰国的外汇危机就不会有韩国的外汇危机。但是就像体质羸弱的人容易患感冒并容易发展成肺炎一样，在外汇供需状态恶化的情况下再加上外部的不利因素，韩国经济终于陷入了不可控制的恶性循环。

的所谓"浮动汇率制度"的环境下，却在诱导银行贷款及储蓄利率的下调。在这种情况下，从投资者角度看可以信赖的就只有韩国企业的业绩了，可是1996年下半年美国的半导体股票分析师们大谈"存储器供求失衡"，并极力规劝全球股民抛售韩国的半导体股票。在这种情况下，如果是你会怎么做？

因此，从1997年9月起连外国投资者也开始逃离韩国股市，一个月以后，韩国申请了金融援助。当时的韩国还真是倒霉。首先是1990年以后日本经济崩溃使日本的金融机构开始锐减对亚洲地区的贷款，其次是1997年7月的泰国外汇危机使众人开始担忧别的国家也会像泰国一样遭受金融危机，这种忧虑对韩国外汇危机的爆发也起到了推波助澜的作用。但是如果韩国政府在1995年，或者1996年下半年，甚至是1997年7月开始施行利率上调等紧缩政策，也绝不至于蒙受向国际货币基金组织申请金融援助的耻辱。

外汇危机之后
韩国经济出现了哪些变化？

也许有不少读者不同意上一小节的观点，认为在外汇危机前夕韩国企业的危机已经来临了，如韩宝、起亚等很多企业破产是铁的事实。不可否认，只要有出口业绩就能得到低利息贷款的旧体系是诱发供给过剩和企业接连倒闭的原因之一，但是在这里需要特别指出的是，在过去这种程度的危机曾非常频繁地发生。

从 1972 年 8 月 3 日的整顿措施出台开始到 1980 年的第二次石油危机这段时间，面对多次危机，韩国政府都是通过迅速地调节汇率顺利度过的。从图 7-6 中可以看出，1971 年和 1980 年韩元对美元的汇率是经历了阶段性调整的。

外汇危机产生的原因先谈到这里，现在我们来看一下外汇危机以后韩国经济的发展走向。在我看来，外汇危机以后韩国经济发生的最大变化是金融自由化，如果说之前是由政府来决定汇率和利率的话，外汇危机之后是市场的供需决定了汇率和利率。这给我们的经济带来了巨大的变化，其中最重大的变化是中央银行的作用比以往任何时候都更强了。

很显然，开放资本市场的国家在施行固定汇率制度的时候，其利率基本上都从属于主要通货国家美国的利率。这是因为外汇市场

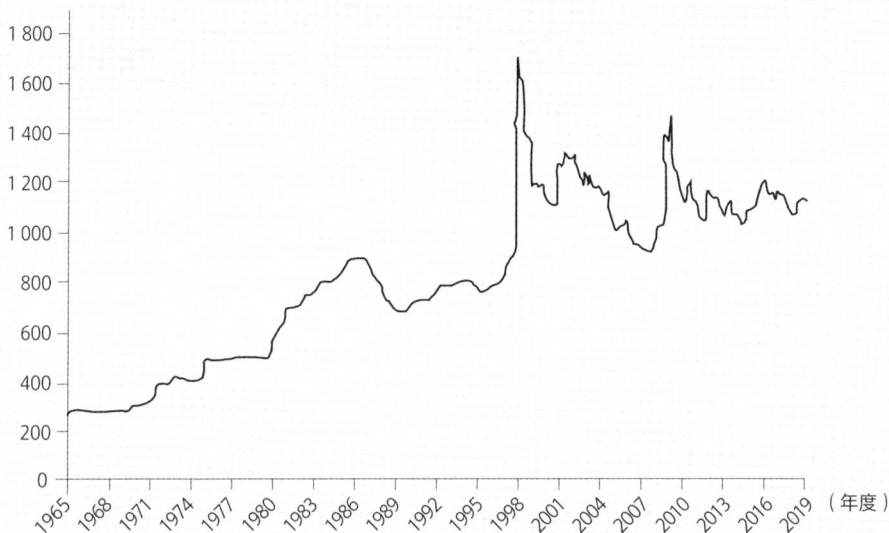

图 7-6　1965 年以后韩元对美元的汇率演变

数据来源：韩国银行经济统计系统（ECOS）

　　一般认为在固定汇率制度（或者管制变动汇率制度）下韩元对美元的汇率是固定的，但现实中并不是这样。从 1960 年到 1980 年，每当韩国政府判断经济形势为经常项目收支恶化、出口企业的竞争力弱化的时候，都随即上调了汇率。

的变动性几乎为 0，很难形成差价交易。

例如，如果在路边能用 1 000 韩元买一个苹果，然后到路对面可以卖出 2 000 韩元的话，大家都会那么做的。但是随着人们不断进行这种操作，苹果价格最终会被调整，有差价的状况不会持续多长时间。就像刚才讲的苹果交易，在一个市场买入资产，在另外一个市场卖出那个资产赢得利润，叫作"差价交易"。

在固定汇率制度下利用利率差价进行差价交易很容易。例如，当韩元对美元的汇率固定为 1 000 的时候，如果美国的利率是 3%，韩国的利率是 1% 的话，只要在韩国借到钱存到美国的瞬间你已经赚到 2% 的差价了。还有，如果主导这一交易的金融机构的信誉度很高的话，这种交易就将持续地进行，这样韩国的钱就会源源不断地流向美国，因此必须把韩国的利率上升到和美国利率持平。当开放资本市场的国家施行固定汇率制度的时候，中央银行是没有存在感的。之前在发生金融危机的时候为银行或者政府提供紧急资金，监督银行是否健康运行，发行货币是韩国中央银行的主要业务。

但是 1997 年以后，随着浮动汇率制度的实施，韩国中央银行开始掌握了非常重要的"手段"，那就是政策利率。一般韩元对美元在 1 年内的汇率波动在 50—100 之间，两个国家的利率相差 1%—2%，这不会产生什么大的影响。因此韩国中央银行开始不再受美国中央银行利率的影响，可以自行调整利率了。中央银行的利率变化对整体经济有着立竿见影的效果。下调利率会使货币供给增加，经济形势就会变好，反之，如果上调利率，货币供给就会减少，经济

日本帝国主义侵占时期位于明洞的朝鲜银行（右）。朝鲜银行成立于1929年，在1958年更名为韩国第一银行。1998年外汇危机时政府资金注入，之后海外的出售进程开始推进。2005年被英国的渣打银行收购

形势就会变坏。大家可以回想一下前面所提到的托儿合作社的事例。

由此，韩国经济波动幅度跟1997年以前相比更小了。最典型的例子就是，当美国等发达国家因全球金融危机备受煎熬的时候，韩国经济在2008年增长了2.8%，在2009年也增长了0.7%。当然，从2009年开始，政府扩张的财政政策对阻止增长率的急跌作出了贡献，但是如果韩国中央银行在2008年秋没有果断、迅速地下调利率的话，韩国经济所遭受的冲击将更大。

不仅是浮动汇率制度的施行，还有利率自由化的形成也给整体经济带来了巨大变化。在外汇危机之前，虽然韩国政府逐渐地推进了银行利率的自由化，但是如果不是出口大企业，想从银行贷款，其难度相当大。但是1997年外汇危机之后，随着韩国第一银行等银行被海外投资者接管，加剧了银行间的竞争，真正意义上的利率

自由化形成了。

关于形成利率自由化之前的情况我们在第七章第三小节探讨过。韩国经济急速增长，年增长率超过30%，可是出口大企业的贷款利率在6%左右。在这种情况下会发生什么样的事情呢？在《关于经济安定与成长的紧急命令》施行时期，已有极少数有能力的人以低利率贷到款以后再以高利贷放贷。当然，当时的韩国为了培育出口制造业竭尽了全力，所以向出口企业提供低利率贷款是非常恰当且有效的措施。

但是在经济已经成长起来，制造业的竞争力也得到了充分加强的情况下还有必要继续提供低利率贷款吗？特别要警惕的是，如果向没有能力的企业提供低利率贷款，会有重新陷入1997年外汇危机的风险。所以在经济达到了中等发达国家水平之后利率自由化的必要性就越来越紧迫了。

如果只对那些竞争力强、偿还风险低的企业提供低利率贷款，而对那些竞争力弱、财务结构不健全的企业提供高利率贷款，那么像1997年那样的"投资过剩"的风险就会自行消失。从另外一个角度看，如果企业对自己投资项目的收益充满信心的话，即使是高利率贷款也会欣然接受的。这样资金就比以往任何时候都能得到更为有效率的分配。

1997年外汇危机结束之后（不计刚刚结束那段时间），规模大的企业集团破产的少了，银行的经营也变得更为健全了，所有这些足以成为上述观点的最好支撑。作为参考，2018年11月，韩国中央银行的贷款逾期率仅为 0.60%，风险最大的企业贷款逾期率也不过是 0.86%。而 1998 年韩国银行的企业贷款逾期率曾为 8.0%，真可谓是翻天覆地的变化。

就这样，如果银行的经营变得健全了，企业贷款逾期率也降低了，那么整体经济利率也会很自然地降低。就像 1688 年光荣革命之后，政府破产的可能性一旦消失，英国的利率就马上变低一样，社会整体的透明度变高了，利率降低就是水到渠成的事情（参照第一章第一小节）。当然，外汇危机之后韩国的经济也不只是好事连连，我们在下一个小节探讨一下外汇危机以后出现的问题。

为什么经常项目收支
会出现大规模顺差？

　　外汇危机以后韩国企业的财务状态变好了，整体经济的利息率也下降了，对这些肯定的评价会有不少读者持反对态度，因为在1997年外汇危机之后韩国其实没有真正享受过内需经济的繁荣。

　　那么为什么经济得到了增长，企业的利润也得到了提升，可内需经济一直没有好转呢？其原因就在于大规模的经常项目收支的顺差。从图7-7中可以发现，韩国在1997年外汇危机之后就没有出现过经常项目收支的赤字，不仅如此，还可以确认的是，在2010年之后对比国内生产总值，经常项目收支的顺差一直以4%—8%的比例延续。问题在于，在经常项目收支发生顺差时，往往伴随着内需经济的恶化。

　　为了理解这个问题，我们有必要了解国内生产总值的构成。

　　GDP＝消费＋投资＋出口－进口·················①

　　把公式①中右侧的"消费"转移到左边，会得到公式②。

　　GDP－消费＝投资＋出口－进口·················②

　　从经济的角度来看，公式②中左侧的"GDP-消费"是储蓄，右侧的"出口－进口"则相当于经常项目收支，所以可以把公式②转换成公式③。

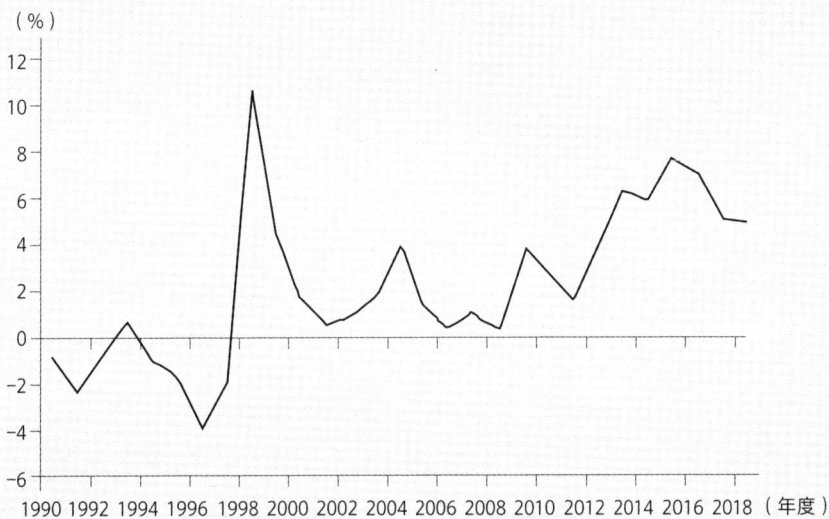

（%）

图 7-7 对比韩国国内生产总值经常项目收支的变化情况

数据来源：IMF

　　对比国内生产总值，经常项目收支顺差正在日益扩大。出现这种现象当然有韩元的价值被低估的因素，但更多的影响来自外汇危机以后因前景不明造成的家庭储蓄增加和企业投资减少。

储蓄 = 投资 + 经常项目收支……………③

把公式③中右侧的"投资"转移到左边，就会得出公式④。

储蓄 - 投资 = 经常项目收支……………④

公式④表示的意义很简单，经常项目收支发生大规模顺差意味着相比储蓄而言投资却偏少。这种现象出现的原因是外汇危机之后家庭和企业等经济主体对未来没有安全感。韩宝、起亚等曾经名震一时的大企业的破产，还有数以万计的失业大军的产生，给曾经耳闻目睹过这一切的人们留下了很深的"心理创伤"。人们减少消费和投资，结果就使经常项目收支发生了大规模的顺差。

可是这里还有一个问题，由于"我的消费"等于是"企业的销售"，所以经常项目收支出现慢性顺差意味着内需比重高的企业经营环境的恶化，而这会直接导致企业的投资减少和工作岗位的萎缩。因此，最近韩国所经历的高失业率可以认为是1997年外汇危机之后经济主体积极性下降所造成的。

那么怎样才能够解决这个问题呢？改变人们的心理是很难的，而且很费时间，根据这个思路很难找到药到病除的妙方，但是政府扩大财政支出的政策不失为一种好的对策。以2018年为基准，韩国政府的财政收支盈余大约占国内生产总值的1%，政府债务也不过是占国内生产总值的12.2%。政府应该积极利用财政健全的有利条件，提供各种促进企业投资的奖励，同时创造公共部门的工作岗位，并积极投资基础设施建设，从而拉动经济长效增长。当然，因为1997年外汇危机的阴影，政府执着于健全的财政也是很现实的问题，但是必须要考虑到，如果放任经常项目收支顺差规模日益扩大，占国内生产总值的比重持续增加而内需长期不振的话，就会导致税收规模和税源的萎缩。

给我们的启示

——●——

不要执着于
健全的财政政策

    1997 年的外汇危机对韩国的经济影响很大。随着浮动汇率制度的实施，韩国中央银行利率政策的影响力加强了，企业和金融机构的运作也比以往任何时候都更健康了。但是在企业的投资热情不高的情况下，政府施行了紧缩的财政政策，这导致了大规模的经常项目收支顺差和财政盈余，使经济始终不能摆脱内需不振的泥沼。

    面对内需不振的局面，一般采用的方法是积极下调利率提高整体经济的供给流动性，但是利率自 2015 年跌落到 1% 以来，出现了只有房地产市场独领风骚等经济整体严重不均衡的问题。因此提振内需的任务就落到了政府的财政政策上，可是看图 7-8 可以发现，从 2016 年开始财政收支连续三年产生盈余，而且其盈余规模正在变得越来越大。

    当然，如果考虑到未来为应对老龄化问题实行相关福利政策需要财政支出的可能性，以及由于引入的投资项目中断而带来的政治负担，可以理解政府想尽量保守地增加财政支出的意图。但是如果内需日益枯竭，青年失业问题长期持续的话，政府就应该认真考虑税收基础是不是有崩塌的可能性。

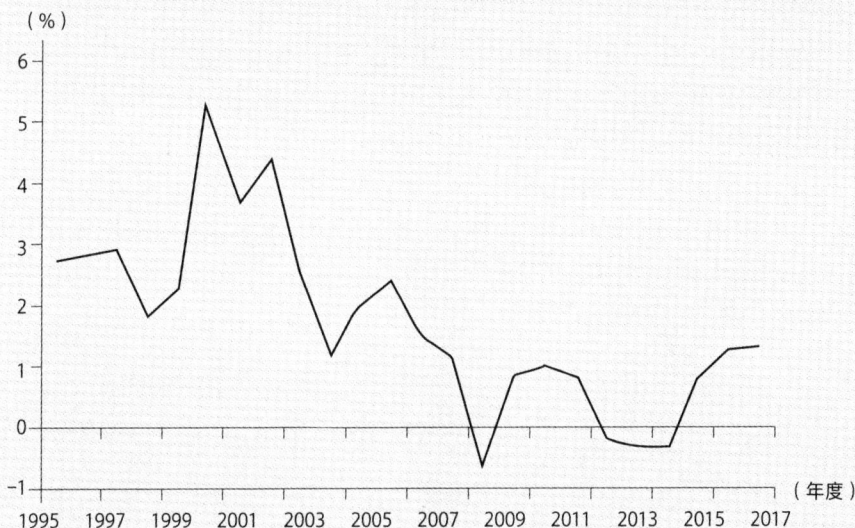

（%）

6
5
4
3
2
1
0
-1

（年度）

1995　1997　1999　2001　2003　2005　2007　2009　2011　2013　2015　2017

图 7-8　韩国财政收支占 GDP 的比重情况

数据来源：IMF

　　上图为韩国财政收支占韩国国内生产总值比例的走势。图中显示在大部分时间内，财政收支都实现了盈余。财政收支有盈余说明政府并没有把收来的税金都用尽，这说明政府在实施某种紧缩的财政政策。经常项目收支长期保持顺差会带来怎样的恶果是众所周知的。在家庭进行过多的储蓄，而企业的投资持续萎靡的情况下，连政府也采取紧缩的财政政策，其合理性是值得商榷的。

结束语

在共享网站 YOUTUBE 的交流群中有人问"为什么不做一个历史和金融相结合的节目？"这就是我这本书的灵感来源。例如，大家都知道在特拉法尔加海战中英国战胜了法国－西班牙联军，但是很多人不知道在人口和经济规模上远比法国弱小的英国为什么能够培育出那么强大的海军。

之后我仔细想过，也翻过书架，觉得确实没有从金融的角度追踪世界史变化的书籍。当然，毕生耕耘于经济史学界的学者们以这个为主题写了诸多的书籍和论文，但是适合普通读者阅读的书籍确实是难找。如果这个想法只是一闪而过的话，也就不可能成就这本书了，幸亏 ROK MEDIA 的编辑们不断地鼓舞和鞭策，使这本书终于能够出版。

从 2018 年末到 2019 年 2 月，每周末在图书馆写这本书对我来说是无比幸福的。虽然迄今为止写了 10 多部书，但从来没有一本书写得像这本书那样心情愉悦和舒畅。也许是因为我喜欢金融和历史这两个领域的缘故吧。

在这里还要感谢每周末都允许我去图书馆的、大度的老婆大人和跟老爸一起出入图书馆时一次也没有闹腾的两个儿子——彩勋和优震。最后谨以此书献给身体欠安也不忘为儿子祈祷的母亲和两个亲爱的弟弟。

参考资料

第一章　若要赢得战争，就须有雄厚财力
英国是怎样赢得特拉法尔加海战的?

앤드루 램버트 , 『넬슨』, 생각의나무 (2005), 472 쪽 .

권홍우 , 『부의 역사』, 인물과사상사 (2008), 102 쪽 .

카를로 마리아 치폴라 , 『대포 범선 제국』, 미지북스 (2010), 94—96 쪽 .

스티븐 솔로몬 , 『물의 세계사』, 민음사 (2013), 240 쪽 .

Douglass C. North and Barry R. Weingast. Constitutions and Commitment: The Evolution of Institutions Governing Public Choice in Seventeenth-Century England [J]. *The Journal of Economic History*, 49(4), 1989, 803—832.

시드니 호머 , 리처드 실라 , 『금리의 역사』, 리딩리더 (2011).

오카자키 데쓰지 ,『제도와 조직의 경제사』, 한울아카데미 (2017), 98—99 쪽 .

니얼 퍼거슨 , 『금융의 지배』, 민음사 (2016), 53 쪽 .

니얼 퍼거슨 , 『현금의 지배』, 김영사 (2002), 105 쪽 .

피터 L.번스타인 ,『황금의 지배』, 경영정신 (2001), 368—369 쪽 .

블로그 https://nasica1.tistory.com, "무엇이 전열함을 죽였는

가 ? - 나폴레옹 시대 군함의 수명".
주경철, 『문명과 바다』(EPUB), 산처럼 (2015), 126—127 쪽.

为什么荷兰能够推出世界上最早的证券市场？
Lodewijk Petram. The world's first stock exchange: how the
Amsterdam market for Dutch East India Company shares
became a modern securities market, 1602-1700 [M].
Columbia: Columbia Business School Puldishing, 2011: 81.
케네스 포메란츠, 스티븐 토픽, 『설탕, 커피 그리고 폭력』, 심
산문화 (2003), 325—327 쪽.
윌리엄 번스타인, 『부의 탄생』, 시아 (2017), 102 쪽.
러셀 쇼토, 『세상에서 가장 자유로운 도시, 암스테르담』, 책세
상 (2016), 74—75 쪽.
로데베이크 페트람, 『세계 최초의 증권거래소』, 이콘 (2016),
58—59 쪽.

军队强悍而经济赢弱的西班牙
Earl J. Hamilton. Imports of American Gold and Silver Into
Spain, 1503—1660 [J]. *The Quarterly Journal of Economics*,
43(3), 436—472.
카를로 마리아 치폴라, 『스페인 은의 세계사』, 미지북스 (2015),
42—43 쪽,
니얼 퍼거슨, 『현금의 지배』, 김영사 (2002), 32—34 쪽.

서울경제 (2016.5.23), "네덜란드 독립전쟁".

윌리엄 맥닐, 『전쟁의 세계사』, 이산 (2005), 174—178 쪽.

주경철, 『대항해시대』, 서울대학교출판부 (2008), 252 쪽.

16世纪的物价革命带来了哪些变化?

유발 하라리, 『사피엔스』, 김영사 (2015), 169—170 쪽.

한경 비즈니스, "대항해시대의 기축통화'카우리 조개'"(2018.1.24).

레베카 조라크, 마이클 W. 필립스 주니어, 『골드』, 새터 (2018), 43—44 쪽.

윌리엄 번스타인, 『부의탄생』, 시아 (2017), 199 쪽.

피터 L. 번스타인, 『황금의 지배』, 경영정신 (2001), 119 쪽, 171—173 쪽.

니얼 퍼거슨, 『금융의 지배』, 민음사 (2016), 28 쪽.

잭 골드스톤, 『왜 유럽인가』, 서해문집 (2011), 58 쪽.

주경철, 『문명과 바다』(EPUB), 산처럼 (2015), 339 쪽.

从美第奇家族到阿姆斯特丹银行

주경철, 최갑수, 이영림, 『근대 유럽의 형성』, 까치 (2011), 73 쪽.

페르낭 브로델, 『물질문명과 자본주의 읽기』, 갈라파고스 (2012), 64—66 쪽.

서울경제 (2016.11.22), "그들만의 '희망봉'".

남종국, 『이탈리아 상인의 위대한 도전』, 엘피 (2015), 185—186 쪽.

니얼 퍼거슨, 『금융의 지배』(EPUB), 민음사 (2016), 48 쪽.

찰스 P. 킨들버거, 『경제 강대국 흥망사 1500—1990』, 까치 (2004), 160 쪽.

홍춘욱, 『잡학다식한 경제학자의 프랑스 탐방기』, 에이지 21(2018), 183 쪽.

Bolt, J. and J. L. van Zanden. The Maddison Project: collaborative research on historical national accounts [J]. *The Economic History Review*, 2014, 67(3): 627—651.

《魔法保姆》和银行挤兑故事

권홍우, 『부의 역사』, 인물과사상사 (2008), 101 쪽.

니얼 퍼거슨, 『금융의 지배』, 민음사 (2016), 13, 54, 58—59 쪽.

피터 L.번스타인, 『황금의 지배』, 경영정신 (2001), 315, 331 쪽.

찰스 P. 킨들버거, 『경제 강대국 흥망사 1500—1990』, 까치 (2004), 220 쪽.

니얼 퍼거슨, 『현금의 지배』, 김영사 (2002), 105 쪽.

이찬근, 『금융경제학 사용설명서』, 부키 (2011), 81 쪽.

苏格兰骗子约翰·劳和法国的没落

찰스 P. 킨들버거, 『경제 강대국 흥망사 1500—1990』, 까치 (2004), 177—178 쪽.

찰스 P. 킨들버거, 『광기, 패닉, 붕괴 금융위기의 역사』, 굿모 닝북스 (2006), 308—309 쪽.

Rik Frehen, William N. Goetzmann and K. Geert Rouwenhorst. New Evidence on the First Financial Bubble [J]. *Journal of Financial Economics*, 2013, 108(3), 585—607.

니얼 퍼거슨, 『현금의 지배』, 김영사 (2002), 154 쪽.

알베르 소불, 『프랑스 혁명사』, 교양인 (2018), 119—120 쪽.

니얼 퍼거슨, 『니얼 퍼거슨의 시빌라이제이션』, 21 세기북스 (2011), 269—270 쪽.

홍춘욱, 『잡학다식한 경제학자의 프랑스 탐방기』, 에이지 21(2018), 149—151 쪽.

给我们的启示　利率高的国家往往不是最佳投资选择

에스와르 S. 프라사드, 『달러 트랩』, 청림출판 (2015), 74 쪽.

나카무라 사토루, 박섭, 『근대 동아시아 경제의 역사적 구조』, 일조각 (2007), 39—40 쪽.

第二章　大航海时代开启的"经济全球化"

为什么明朝时倭寇猖獗?

바다소리, "명나라 시기무역의 억압과 왜구의 창궐", 2018. 6.

미야자키 이치사다, 『중국통사』, 서커스출판상회 (2016), 448—450 쪽.

임용한, 『명장, 그들은 이기는 싸움만 한다』, 위즈덤하우스 (2014), 247 쪽.

美洲大陆的白银进入中国

주경철, 『대항해시대』, 서울대학교출판부 (2008), 258—259 쪽.

티모시 브룩, 『하버드 중국사 원·명』, 너머북스 (2014), 433 쪽.

바다소리, "대륙 간 전신 (電信) 의 도입과 무역품 가격의 변화", 2018. 7.

케네스 포메란츠, 『설탕, 커피 그리고 폭력』, 심산문화 (2003), 363—364 쪽.

윤병남, 『구리와 사무라이』, 소나무 (2007), 51—52 쪽.

为什么无人关心"三国"时代结束后的历史?

미야자키 이치사다, 『중국중세사』, 신서원 (1996), 30—31, 49, 351 쪽.

매일경제, 『이선 교수의 창조경제 특강 제 1 강 아담 스미스의 핀 공장 이야기』, 2014.3.24.

리처드 폰 글란, 『케임브리지 중국경제사』, 소와당 (2019) 256—257, 266 쪽.

린 화이트 주니어, 『중세의 기술과 사회 변화』, 지식의풍경 (2005), 32 쪽.

中国直到明朝一直比西方富裕

미야자키 이치사다, 『중국통사』, 서커스출판상회 (2016), 454, 457 쪽.

이언 모리스, 『왜 서양이 지배하는가』, 글항아리 (2017), 239 쪽.

Bolt, J. and J. L. van Zanden. The Maddison Project: collaborative research on historical national accounts [J]. *The Economic History Review*, 2014, 67(3): 627—651.

UNDP, "Human Development Indices and Indicators 2018 Statistical Update".

因税收改革富强起来的明朝为何最终走向灭亡?
티모시 브룩, 『하버드 중국사 원·명』, 너머북스 (2014), 446—447, 485—486 쪽.
젠보짠, 『중국사 강요 2』, 중앙북스 (2015), 319, 322 쪽.
김시덕, 『동아시아, 해양과 대륙이 맞서다』, 메디치미디어 (2015), 80—81 쪽.
벤저민 리버만, 엘리자베스 고든, 『시그널』, 진성북스 (2018), 235—236 쪽.
Shaun A. Marcott, Jeremy D. Shakun, Peter U. Clark, Alan C. Mix. A Reconstruction of Regional and Global Temperature for the Past 11,300 Years [J]. *Science*, 2013, 339(6124), 1198—1201.

为什么清朝的人口能够突破 4 亿?
젠보짠, 『중국사 강요 2』, 중앙북스 (2015), 421—422, 425 쪽.
구범진, 『청나라, 키메라의 제국』, 민음사 (2012), 63—64, 103 쪽.
차명수, 『기아와 기적의 기원, 1700-2010』, 해남 (2014), 196—197 쪽.
폴 로프, 『옥스퍼드 중국사 수업』, 유유 (2016), 261 쪽.
윌리엄 T. 로, 『하버드 중국사청』, 너머북스 (2014), 48, 56—

57, 164—165, 172 쪽.

Dudley L. Poston Jr. and David Yaukey. *The Population of Modern China* [M]. New York: Plenum Press, 2013: 52.

给我们的启示 货币供应减少时经济会疲软

밀턴 프리드먼, 안나 J. 슈워츠, 『대공황, 1929—1933 년』, 미지북스 (2010), 91 쪽.

니얼 퍼거슨, 『금융의 지배』, 민음사 (2010), 53—54 쪽.

第三章 马尔萨斯不能理解的新世界

为什么在清朝，中国没有发生工业革命？

Gregory Clark. The Condition of the Working-Class in England, 1200—2000 [J].*Work Paper*, 2003:279.

그레고리 클라크, 『맬서스, 산업혁명 그리고 이해할 수 없는 신세계』, 한스미디어 (2009), 24 쪽.

하야미 아키라, 『근세 일본의 경제발전과 근면혁명』, 혜안 (2006), 139—140, 168, 188—189 쪽.

이언 모리스, 『왜 서양이 지배하는가』(EPUB), 글항아리 (2017), 29—30 쪽.

신상목, 『학교에서 가르쳐주지 않는 일본사』, 뿌리와이파리 (2017), 28—29 쪽.

오카자키 데쓰지, 『제도와 조직의 경제사』, 한울아카데미 (2017), 98—99 쪽.

工业革命和 "勤勉革命"

하야미 아키라 , 『근세 일본의 경제발전과 근면혁명』, 혜안
(2006), 139—140, 168, 188—189 쪽 .

이나가키 히데히로 , 『식물도시 에도의 탄생』, 글항아리 (2017),
189 쪽 .

로버트 C. 앨런 (2017), 『세계 경제사』, 교유서가 (2017), 54 쪽 .

과학동아 , "한국 , '세계 혁신 국가 1 위'의 의미는 ?" (2018).

슐로머 메이틀 , 『CEO 경제학』, 거름 (2001), 251—257 쪽 .

英国为什么能够避免 "人口爆发"?

Robert C. Allen. *The British Industrial Revolution in Global
Perspective: How Commerce Created The Industrial
Revolution and Modern Economic Growth* [M].New York:
Cambridge University Press, 2006:331.

로버트 C. 앨런 , 『세계 경제사』, 교유서가 (2017), 21, 56 쪽 .

주경철 , 이영림 , 최갑수 , 『근대 유럽의 형성』, 까치 (2011),
50—51 쪽 .

그레고리 클라크 , 『맬서스 , 산업혁명 그리고 이해할 수 없는 신
세계』, 한스미디어 (2009), 131—132 쪽 .

"毒品输出王国" 英国

윌리엄 T. 로 , 『하버드 중국사 청』, 너머북스 (2014), 250—
251, 257, 278—279 쪽 .

정양원, 『중국을 뒤흔든 아편의 역사』, 에코리브르 (2009),
30—31, 116, 118, 159, 163 쪽.
김재선, 『아편과 근대 중국』, 한국학술정보 (2010), 40 쪽.
주경철, 『대항해시대』, 서울대학교출판부 (2008), 285 쪽.
미야자키 이치사다, 『중국통사』, 서커스출판상회 (2016),
487—488 쪽.

美国南方为何如此强烈地反对废除奴隶制?

오카자키 데쓰지, 『제도와 조직의 경제사』, 한울아카데미 (2017),
181—183 쪽.
윌리엄 맥닐, 『전쟁의 세계사』, 이산 (2005), 308—309 쪽.
홍춘욱, 『잡학다식한 경제학자의 프랑스 탐방기』, 에이지
21(2018), 183 쪽.
콜린 우다드, 『분열하는 제국』, 글항아리 (2017), 263—265 쪽.
빌 로스, 『철도, 역사를 바꾸다』, 예경 (2014), 28—31, 100—
103 쪽.

给我们的启示 投资生产效率快速增长的、实现改革的国家

차명수, 『기아와 기적의 기원』, 해남 (2014), 15—16 쪽.
이지평, 이근태, 류상윤, 『우리는 일본을 닮아가는가』, 이와우
(2016), 205 쪽.

第四章　大萧条，啊，大萧条！

为什么第一次世界大战是偶发事件？

윌리엄 번스타인 , 『부의 탄생』, 시아 (2017), 228—230 쪽 .

윌리엄 맥닐 , 『전쟁의 세계사』, 이산 (2005), 407 쪽 .

니얼 퍼거슨 , 『금융의 지배』(EPUB), 민음사 (2016), 105, 107—108 쪽 .

德国为什么会发生超级通货膨胀？

차명수 , 『금융 공황과 외환 위기 , 1870—2000』, 아카넷 (2004), 95—96 쪽 .

니얼 퍼거슨 , 『현금의 지배』, 김영사 (2002), 163 쪽 .

다니엘 D. 엑케르트 , 『화폐 트라우마』, 위츠 (2012), 169 쪽 .

피터 L. 번스타인 , 『황금의 지배』, 경영정신 (2001), 368—369 쪽 .

1929 年美国股市为何会暴跌？杠杆投资！

양동휴 , 『1930 년대 세계 대공황 연구』, 서울대학교출판부 (2000), 5 쪽 .

홍춘욱 , 이운덕 , 이길영 , 『알고 하자 ! 돈 되는 주식투자』, 가림 M&B(2002), 115—116 쪽 .

제러미 시겔 , 『주식에 장기 투자하라』, 이레미디어 (2015).

러셀 내피어 , 『베어 마켓』, 예문 (2009), 157, 164—165 쪽 .

벤 버냉키 , 『벤 버냉키 , 연방준비제도와 금융위기를 말하다』, 미지북스 (2014), 34—35 쪽 .

为什么纽约联邦储备银行提高了利率？

배리아이켄그린 , 『황금 족쇄』, 미지북스 (2016), 43 쪽 .

차명수 , 『금융 공황과 외환 위기』, 아카넷 (2004), 110—111 쪽 .

J. Bradford De Long. "Liquidation" Cycles: Old-Fashioned
Real Business Cycle Theory and the Great Depression [Z].
NBER Working Paper No. 3546, 1990.

벤 버냉키 , 『벤 버냉키 , 연방준비제도와 금융위기를 말하다』,
미지북스 (2014), 40—41 쪽 .

양동휴 , 『1930 년대 세계 대공황 연구』, 서울대학교출판부
(2000), 16 쪽 .

大萧条为什么延续了那么长时间？

배리 아이켄그린 , 『황금 족쇄』, 미지북스 (2016), 357, 404—
406, 411 쪽 .

벤 버냉키 , 『벤 버냉키 , 연방준비제도와 금융위기를 말하다』,
미지북스 (2014), 25 쪽 .

차명수 , 『금융 공황과 외환 위기, 1870—2000』, 아카넷 (2004),
127—128 쪽 .

양동휴 , 『1930 년대 세계 대공황 연구』, 서울대학교출판부 (2000),
121 쪽 .

니얼 퍼거슨 , 『금융의 지배』(EPUB), 민음사 (2016), 13 쪽 .

银行危机引发了金融恐慌

배리 아이켄그린 , 『황금 족쇄』, 미지북스 (2016), 425 쪽 .

벤 버냉키, 『벤 버냉키, 연방준비제도와 금융위기를 말하다』, 미지북스 (2014), 43—44 쪽.

양동휴, 『1930년대 세계 대공황 연구』, 서울대학교출판부 (2000), 121, 135 쪽.

티모시 가이트너, 『스트레스 테스트』, 인빅투스 (2015), 282 쪽.

通货紧缩为什么可怕?

배리 아이켄그린, 『황금 족쇄』, 미지북스 (2016), 537 쪽.

벤 버냉키, 『벤 버냉키, 연방준비제도와 금융위기를 말하다』, 미지북스 (2014), 49—50 쪽.

양동휴, 『1930년대 세계 대공황 연구』, 서울대학교출판부 (2000), 121, 135 쪽.

德国为什么能够迅速崛起?

차명수, 『금융 공황과 외환 위기, 1870—2000』, 아카넷 (2004), 123—125 쪽.

배리 아이켄그린, 『황금 족쇄』, 미지북스 (2016), 458—459 쪽.

양동휴, 『1930년대 세계 대공황 연구』, 서울대학교출판부 (2000), 294—295, 297 쪽.

给我们的启示 经济萧条露出端倪时要果断行动

차명수, 『금융 공황과 외환 위기, 1870—2000』, 아카넷 (2004), 123—125 쪽.

배리 아이켄그린, 『황금 족쇄』, 미지북스 (2016), 458—459 쪽.

양동휴, 『1930년대 세계 대공황 연구』, 서울대학교출판부 (2000), 294—295, 297 쪽.

第五章　金本位制崩塌以后的世界

美国为何以"世界警察"自居？

차명수，『금융 공황과 외환 위기, 1870—2000』, 아카넷 (2004),
139—141 쪽 .

배리 아이켄그린，『황금 족쇄』, 미지북스 (2016), 458—459 쪽 .

박지향，『제국의 품격』, 21 세기북스 (2018), 148 쪽 .

피터 자이한，『21 세기 미국의 패권과 지정학』, 김앤김북스 (2018),
192—193, 196 쪽 .

Bolt, J. and J. L. van Zanden. The Maddison Project:
collaborative research on historical national accounts [J].
The Economic History Review, 2014, 67(3): 627—651.

尼克松为什么抛弃金本位制？

조지 쿠퍼，『민스키의 눈으로 본 금융위기의 기원』, 리더스하우
스 (2009), 127—130 쪽 .

홍춘욱, 이운덕, 이길영，『알고 하자！돈 되는 주식투자』, 가
림 M&B(2002), 62—63 쪽 .

제러미 시겔，『주식에 장기 투자하라』, 이레미디어 (2015).

최동현, 이준서，"금 가격 결정요인에 관한 연구 : 대체투자자산
관점에서", 재무관 리연구 31 권 3 호 (2014), 79—112 쪽 .

Paul Krugman, Treasuries, TIPS, and Gold, (2011).

다니엘 D. 엑케르트，『화폐 트라우마』, 위츠 (2012), 69—70 쪽 .

沃尔克遏制通货膨胀

제러미 시겔，『주식에 장기 투자하라』, 이레미디어 (2015).

홍춘욱, 『돈 좀 굴려봅시다』, 스마트북스 (2012), 162 쪽.

Tim Duy. Inflation Hysteria Redux [EB/OL] (2014.7.7).http: // archive.economonitor.com.

다니엘 D. 엑케르트, 『화폐 트라우마』, 위츠 (2012), 77—78 쪽.

폴 크루그먼 (2015), 『불황의 경제학』(EPUB), 세종서적 (2015), 26—31 쪽.

닐 어윈, 『연금술사들』, 비즈니스맵 (2014), 106—107 쪽.

1986 年的国际油价暴跌是如何发生的?

Bill Conerly. Commodity Prices: Basics For Businesses That Buy, Sell Or Use Basic Materials (2014).

IMF, "Global Implications of Lower Oil Prices" (2015).

홍춘욱, 이운덕, 이길영, 『알고 하자! 돈 되는 주식투자』, 가림 M&B(2002), 163 쪽.

为什么商品市场以 20 年为周期运转?

IMF. End of the Oil Age: Not Whether But When [J]. *World Economic Outlook*, 2017.

서울경제, "제네시스 G70, 모터트렌드 '올해의 차' 선정"(2019.1).

Gail Tverberg. Fall of the Soviet Union: Implications for Today [EB/OL]. (2011.8.8).http://ourfiniteword.com.

짐 로저스, 『상품시장에 투자하라』, 굿모닝북스 (2005), 75—77 쪽.

给我们的启示 不要和央行作对

NBER. US Business Cycle Expansions and Contractions [EB/

OL].(2010.9.20).http://www.nber.org/cycles.

러셀 내피어, 『베어 마켓』, 예문 (2009), 420—421 쪽.

홍춘욱, 『인구와 투자의 미래』, 에프엔미디어 (2017), 34 쪽.

第六章　日本经济是怎样崩溃的？

《广场协议》是怎么来的？

홍춘욱, 『환율의 미래』, 에이지 21(2016), 17—18 쪽.

이찬우, 『대한민국 신국부론』, 스마트북스 (2014), 30—31 쪽.

차명수, 『금융 공황과 외환 위기, 1870—2000』, 아카넷 (2004), 187 쪽.

IMF. The Curious Case of the Yen as a Safe Haven Currency [J].*Word Economic Outlook*, 2013.

美国的"黑色星期一"捅破了日本资产价格的泡沫

홍춘욱, 이운덕, 이길영, 『알고 하자! 돈 되는 주식투자』, 가림 M&B(2002), 161—162 쪽.

이찬우, 『대한민국 신국부론』, 스마트북스 (2014), 30—31 쪽.

차명수, 『금융 공황과 외환 위기, 1870—2000』, 아카넷 (2004), 187 쪽.

피터 L. 번스타인, 『세계 금융 시장을 뒤흔든 투자 아이디어』, 이손 (2006), 438, 443—444 쪽.

日本的股票贵到什么程度？

켄 피셔 제니퍼 추, 라라 호프만스, 『3 개의 질문으로 주식시장을 이기다』, 비즈니스맵 (2008).

로렌 템플턴 , 스콧 필립스 , 『존 템플턴의 가치 투자 전략』, 비즈니스북스 (2009), 113 쪽 .

이찬우 , 『대한민국 신국부론』, 스마트북스 (2014), 42 쪽 .

홍춘욱 , 이운덕 , 이길영 , 『알고 하자 ! 돈 되는 주식투자』, 가림 M&B(2002), 89 쪽 .

为什么日本房地产市场存在 "加拉帕戈斯" 现象?

Katharina Knoll, Moritz Schularick and Thomas Steger. No Price Like Home: Global House Prices, 1870—2012[J]. *American Economic Review*, 2017, (107): 2, 331—353.

홍춘욱 , 이운덕 , 이길영 , 『알고 하자 ! 돈 되는 주식투자』, 가림 M&B(2002), 86—87 쪽 .

Yukio Noguchi. *Chapter in NBER book Housing Markets in the United States and Japan* [M].chicage: University of Chicago Press, 1994:51.

동아일보 , "우리나라 부동산도 일본식 거품 붕괴 ?"(2018.10.19).

한국주택금융공사 , "하락의 추억 , 침체에 대한 회고" (2018).

이재범 , 김영기 , 『부동산의 보이지 않는 진실』, 프레너미 (2016), 90 쪽 .

为什么房地产价格泡沫破裂时会出现经济萧条?

홍춘욱 , 『인구와 투자의 미래』, 에프엔미디어 (2017), 43—46 쪽 .

폴 크루그먼 , 『지금 당장 이 불황을 끝내라』, 엘도라도 (2013), 70—72 쪽 .

리처드 C. 쿠 , 『대침체의 교훈』, 더난출판사 (2010), 53 쪽 .

유노가미 다카시 , 『일본 반도체 패전』, 성안당 (2011), 38 쪽 .

为什么房地产价格暴跌会引发经济长期疲软?
Alan Ahearne, Joseph Gagnon, Jane Haltmaier and Steve Kamin. Preventing Deflation: Lessons from Japan's Experience in the 1990s [J].*Social Science*.2002, (10)21: 39.
Kiichi Tokuoka, Murtaza H Syed, Kenneth H Kang. Lost Decade' in Translation – What Japan's Crisis could Portend about Recovery from the Great Recession[J]. *Economic Record*, 2009, (88): 283, 283.
현대경제연구원 , "일본형 장기 불황 , 정부 정책 실패가 원인"(2005).

日本中央银行为什么迟迟不下调利率?
IMF. World Economic Outlook [M]. (2018).
벤 버냉키 , 『벤 버냉키 , 연방준비제도와 금융위기를 말하다』, 미지북스 (2014), 40—41 쪽 .
홍춘욱 , 이운덕 , 이길영 , 『알고 하자 ! 돈 되는 주식투자』, 가림 M&B(2002), 100—101 쪽 .
조선비즈 , 『한은 , 'GDP 갭률 , -1% 육박'』(2017.1.31).

给我们的启示 泡沫破灭时要大胆、及行地实行宽松的货币政策
다니엘 D. 엑케르트 , 『화폐 트라우마』, 위츠 (2012), 242 쪽 .
홍춘욱 , 『환율의 미래』, 에이지 21(2016), 66—68 쪽 .
조선일보 , 『적기시정조치란 무엇이고 어떤 영향을 받나요』(2011.4.8).

중앙일보, 『드라기 총재 후임은 누구?…ECB 조직 차기 인사 주목』(2018.10.31).

第七章　1997年，韩国怎么了?

过去的50年韩国取得了哪些成就?

한국은행, "2018년 4/4분기 및 연간 국내총생산(속보)"(2019.1.22).

배리아이켄그린, 드와이트 퍼킨스, 신관호, 『기적에서 성숙으로』, 서울셀렉션 (2014), 4—5쪽.

Robert C. Allen. *The British Industrial Revolution in Global Perspective: How Commerce Created the Industrial Revolution and Modern Economic Growth* [M].New York: Cambridge University Press, 2006:331.

로버트 C. 앨런, 『세계 경제사』, 교유서가 (2017), 56쪽.

차명수, 『기아와 기적의 기원』, 해남 (2014), 15—17, 235쪽.

그렉 브라진스키, 『대한민국 만들기 1945—1987』, 책과함께 (2011), 45쪽.

土地改革铸就了繁荣的基石

그렉 브라진스키, 『대한민국 만들기 1945—1987』, 책과함께 (2011), 44—46, 50쪽.

조스터드웰, 『아시아의 힘』, 프롬북스 (2016), 39—40, 44—45, 125—127쪽.

차명수, 『기아와 기적의 기원』, 해남 (2014), 15—17, 232—233쪽.

韩国是怎样培育制造业的?

조 스터드웰, 『아시아의 힘』, 프롬북스 (2016), 135—136 쪽.

이리야마아키에, 『세계의 경영학자는 지금 무엇을 생각하는가』, 에이지 21(2013), 82 쪽.

중앙일보, 『개도국서 높다는 엥겔지수의 역습…도대체 우리나라가 왜?』(2019.2.4).

김두얼 등, 『한국의 경제 위기와 극복』, 대한민국역사박물관 (2017), 58—62 쪽.

김두얼, 『한국경제사의 재해석』, 해남 (2017), 110—111 쪽.

韩国制造比美国制造便宜吗?

The Maritime Executive. Comparing Maritime Versus Railway Transportation Costs [EB/OL] (2017.12.25).http://www.marttime-executive.com.

마크 레빈슨, 『더 박스』, 청림출판 (2017), 314, 316, 323—324 쪽.

韩国为什么会陷入外汇危机的泥坑?

차명수, 『금융 공황과 외환 위기, 1870—2000』, 아카넷 (2004), 139—141 쪽.

外汇危机之后韩国经济出现了哪些变化?

차명수, 『금융 공황과 외환 위기, 1870—2000』, 아카넷 (2004).

IMF. Why Are Structural Reforms So Difficult? [J]. *World Economic Outlook*, 2004.

금융감독원, 『2018.11 월말 국내은행의 원화대출 연체율 현황』

(2018.12.31).

홍춘욱 , 『환율의 미래』, 에이지 21(2016).

브루스 바틀릿 , 『백악관 경제학자』, 웅진지식하우스 (2010),
360 쪽 .

为什么经常项目收支会出现大规模顺差?

홍춘욱 , 『환율의 미래』, 에이지 21(2016), 60—62 쪽 .

IMF. World Economic Outlook [M]. 2018.

给我们的启示　不用执着于健全的财政政策

Jonathan D. Ostry, Atish R. Ghosh, Jun I. Kim, Mahvash S.
Qureshi. Fiscal Space [Z]. IMF Staff Position Note, 2010.